Elisabeth Nevyjel

Kinder sind überall gleich
Lesebuch für Kinder mit Deutsch als Zweitsprache

1. Auflage 2012 - Nachdruck 2014

SBNr. 160376

ISBN 978-385253-467-1

Mit Bescheid des Bundesministeriums für Unterricht, Kunst und Kultur, Zl. 5.040/0007-B/8/2011 vom 25.6.2012 als für den Unterrichtsgebrauch an Volksschulen für die 2. - 4. Schulstufe im Unterrichtsgegenstand Deutsch, Lesen, Schreiben (Deutsch als Zweitsprache) geeignet erklärt.

Dieses Buch wurde in der Schriftart "Ortnergasse" gesetzt, die mit freundlicher Genehmigung durch Werner Mayer verwendet wird.

Inhaltsverzeichnis

Vorwort

Das vorliegende Buch enthält Texte, die unmittelbar aus der Praxis und für die Praxis geschrieben wurden. Während meiner mehrjährigen Tätigkeit als Sprachförderlehrerin war ich immer wieder mit der Tatsache konfrontiert, dass die Kinder, die ich zu betreuen hatte (**Kinder mit anderen Erstsprachen**), die Lesetexte, die in der Klasse verwendet wurden, nicht verstanden. Dieses Nichtverstehen hatte jedoch keineswegs nur sprachliche Gründe. **Einerseits** kämpften sie mit unbekanntem Wortschatz und komplizierten Sprachstrukturen. **Andererseits** hatten sie aber auch Probleme, die Geschichten inhaltlich zu verstehen und zu verarbeiten, weil in vielen Fällen das kulturelle Hintergrundwissen einfach nicht vorhanden war. Zu viele der Geschichten handeln an Orten, die Kindern aus anderen Kulturen völlig unbekannt sind. **Viele** erzählen von Begebenheiten, die „unseren“ Kindern selbstverständlich sind, die diese Kinder aber nicht kennen.

Erste zaghafte Versuche, den Kindern Texte anzubieten, in denen sie sich selbst wiederfinden konnten, die von ***ihrem*** Alltag und von ***ihren*** Erlebnissen erzählten, hatten so durchschlagenden Erfolg, dass dieser mich ermutigte, weiter zu machen. Es war mir vor allem ein Anliegen, Kinder mit unterschiedlichem kulturellen Hintergrund als „ganz normale Kinder“ darzustellen. Die Rolle der „armen, hilfsbedürftigen Ausländerkinder“ ist längst nicht mehr aktuell. Die meisten von ihnen sind hier in Österreich geboren und aufgewachsen. **Sie** führen das gleiche Leben wie alle Großstadtkinder, sie haben die gleichen Erlebnisse, die gleichen Sorgen und Ängste. Sie werden bewusst nicht als Außenseiter **dargestellt,** sondern als selbstverständlicher Teil der Schulrealität und der Gesellschaft. Die Beherrschung einer zweiten Sprache und ein anderer kultureller Hintergrund wird als Positivum und Bereicherung, aber nicht als Mittel zur Ausgrenzung dargestellt.

Es wurde auch sehr genau darauf geachtet, dass **der Wortschatz** und **die grammatikalischen** Strukturen dem **durchschnittlichen Sprachstand zweisprachiger und anderssprachiger Kinder** im 2. Schuljahr entsprechen. Da die meisten der Kinder noch wenig Spracherfahrung haben und bestenfalls die Alltagssprache beherrschen, wurde auch weitgehend auf sprachliche Experimente, Literatursprache und Sprachspiele verzichtet, da solche Texte für diese Zielgruppe noch nicht geeignet sind. So sind im Laufe von drei Jahren diese kleinen Alltagsgeschichten entstanden.

Ich denke, dass die vorliegende Textsammlung auch allgemein dem Unterrichtsprinzip „Interkulturelles Lernen“ Rechnung trägt, denn Kinder mit deutscher Muttersprache haben hier Gelegenheit, die Lebenswelt ihrer KlassenkameradInnen etwas besser kennen zu lernen. Ich hoffe, mit diesem Buch nicht nur zur Bereicherung des Leseunterrichtes einen Beitrag geleistet zu haben, sondern auch zum besseren gegenseitigen Verständnis der künftigen Generationen füreinander.

Elisabeth Nevyjel

Die zweite Klasse

Heute ist der erste Schultag. Vladan ist erst gestern Abend aus Kroatien zurückgekommen. Die Familie ist lange mit dem Auto gefahren und er ist noch ziemlich müde. Vladan kommt in die zweite Klasse. Er ist aufgeregt. Werden alle seine Freunde da sein? Er kommt pünktlich in die Klasse. Zuerst begrüßt er die Lehrerin. Sie sagt: „Hallo Vladan, wie geht es dir? Du bist ja viel größer geworden!" Vladan freut sich. Dann sieht er seinen Freund Erkan und geht zu ihm. „Kann ich mich zu dir setzen?", fragt er. „Na klar!", sagt Erkan. Die Lehrerin sagt: „Ihr dürft aber nicht zu viel tratschen, sonst müsst ihr euch auseinander setzen!" Die beiden versprechen, ganz brav zu sein. Ob das wohl gut geht?

Sibels neue Schulsachen

Sibel kommt in die zweite Klasse.

Sie freut sich darauf. Besonders freut sie sich, weil sie so schöne, neue Sachen bekommen hat.

Tante Nuray hat ihr eine neue Schultasche geschenkt, weil ihre zu klein war.

Die Oma hat ihr ein neues Federpennal gekauft.

Onkel Hasan hat ihr einen Malkasten geschenkt mit ganz vielen Farben und zwei neuen Pinseln.

Von der Mama hat sie eine Füllfeder bekommen.

Oma hat ihr in der Türkei einen lustigen Radiergummi und einen großen Dosenspitzer gekauft.

Auch neue Hausschuhe haben ihr die Eltern in der Türkei gekauft.

Sibel möchte so gerne die neuen Sachen herzeigen, aber sie muss noch bis morgen warten.

Ob die anderen Kinder auch neue Sachen in die Schule mitbringen?

Kevin will Kirschen

Am Donnerstag fällt Kevin ein, dass er schon lange keine Kirschen mehr gegessen hat.

Er liebt Kirschen.

Er möchte Kirschen kaufen. Darum geht er auf den Markt.

„Haben Sie Kirschen?", fragt er beim ersten Obststand.

Aber die Verkäuferin schüttelt den Kopf: „Leider, die haben wir jetzt nicht."

Kevin geht zu einem anderen Stand. Aber auch dort bekommt er keine Kirschen. Es gibt Äpfel, Birnen, Weintrauben, Zwetschken und vieles mehr, aber keine Kirschen.

Nun geht er in den Supermarkt.

Leider findet er auch dort keine Kirschen.

Zuletzt geht er in ein großes Obstgeschäft.

„Haben Sie Kirschen?", fragt er wieder.

Aber der Verkäufer schaut ihn komisch an. „Kirschen willst du? Da bist du ein bisschen spät dran!", meint dieser dann.

Kevin versteht das nicht.

Weißt du, warum es nirgends Kirschen zu kaufen gibt?

Ringle die richtige Antwort ein:

Es ist schon Abend. *Es ist Herbst.* *Es ist Sonntag.*

BIST: L1, L2, L3, L4

Auch Erwachsene sind nicht immer gescheit...

Ezat ist auf dem Weg von der Schule nach Hause.

Er steht an der Kreuzung und wartet, dass es Grün wird.

Plötzlich drängt ein Mann an Ezat vorbei und läuft bei Rot über die Straße. Da saust ein Auto heran. Bremsen quietschen. Der Mann springt erschrocken zur Seite, dabei stolpert er und fällt nieder. Er liegt auf dem Zebrastreifen, und das Auto kann gerade noch vor ihm stehen bleiben.

Der Fahrer des Autos springt aus dem Wagen und schreit den Mann an: „Sind Sie wahnsinnig? Sie sind bei Rot über die Straße gelaufen!"

Der Mann steht langsam auf. Er ist ganz weiß im Gesicht. „Entschuldigung", murmelt er. Dann geht er langsam weiter. Er humpelt ein bisschen, wahrscheinlich hat er sich weh getan.

Ezat ist sehr erschrocken. Er ist sehr froh, dass er gescheiter war und auf Grün gewartet hat!

Anna isst nur Obst und Gemüse

Zum Frühstück isst Anna eine Semmel mit Erdbeermarmelade.
Dazu trinkt sie ein Glas Orangensaft.
Für die Jause in der Schule hat sie einen Krapfen mit Marillenmarmelade und eine Flasche Kirschsaft mit.
Zu Mittag isst Anna Gemüsesuppe und dann einen Spinatstrudel. Als Nachspeise gibt es Pfirsichkompott.
Am Nachmittag gibt ihr Mama ein Stück Zwetschkenkuchen und ein Heidelbeerjoghurt.
Dazwischen nascht sie ein paar Schokobananen.
Am Abend hat Mama Kartoffelgulasch gemacht.
Dazu trinkt Anna Apfelsaft.
Nachher holt sie sich aus der Küche eine Birne und ein paar Weintrauben.
Vor dem Schlafengehen isst sie noch ein Zitroneneis.

Hat Anna die Wahrheit gesagt?

Auf dem Markt

Äpfel, Birnen fein,
Trauben, nicht zu klein,
auf den Markt gehen wir,
kaufen alles ein.

Kiwis, Feigen und
Melonen kugelrund,
auf dem Markt kaufen wir
Obst, das ist gesund.

Pfirsiche, famos,
Zwetschken, klein und groß;
auf den Markt gehen wir,
ja, da ist was los!

Arbeitsheft Seite6; BIST: L1, L2, L5

Das Lied vom Herbst

Der Herbst, der Herbst, der Herbst ist ein Maler:
Er malt die Blätter bunt, die Bäume werden kahler.
Seht, die ganze Welt wird bunter!
Äpfel, Birnen fallen 'runter.
Störche, Schwalben flieh'n nach Süden,
fliegen, ohne zu ermüden, weit über die Sahara,
bis ins tiefste Afrika!

Der Herbst, der Herbst, der schickt die Tiere schlafen,
drum fangen sie gleich an, ein warmes Bett zu schaffen:
Eichhorn, Hamster und die Maus,
tragen Futter in ihr Haus,
und die dicken, großen Bären,
lassen sich durch nichts mehr stören.
Legen sich zur Winterruh', machen ihre Augen zu.

Der Herbst, der Herbst, bringt Nebel und Regen,
bald liegt das nasse Laub auf Straßen und auf Wegen.
Kinder geh'n Kastanien suchen,
Mama macht uns Zwetschkenkuchen.
Immer früher wird es dunkel,
und man hört schon das Gemunkel:
Weihnachten ist nicht mehr weit,
bald beginnt die Winterzeit.

Ein besonderer Besuch

Mira kommt von der Schule nach Hause. Sie ist müde und hungrig. Mama macht die Türe auf. Mira kommt herein. Aber was ist denn das? Hinter der Tür sitzt eine kleine, graue Katze! Mama sagt: „Das ist Minka, die Katze unserer Nachbarin. Frau Steiner ist krank, sie ist im Spital. Ich habe die Katze zu uns geholt, damit sie nicht allein ist." „Fein!", ruft Mira. „Darf ich mit ihr spielen?" „Natürlich", sagt Mama. „Aber pass gut auf sie auf!" „Na klar", sagt Mira. Sie geht vorsichtig zu der Katze und streichelt sie. Die Katze schnurrt. Bald sind Mira und Minka gute Freunde.

Arbeitsheft Seite 8; BIST: L1, L2

Im Tiergarten

In der 2C gibt es große Aufregung. Morgen wollen sie in den Tiergarten fahren!
Am nächsten Tag haben alle Kinder einen Rucksack mit.
Das Geld für die Straßenbahn und den Eintritt hat die Frau Lehrerin schon gestern eingesammelt.
Um 8 Uhr gehen sie los. Zuerst fahren sie mit der Straßenbahn, dann mit einem Autobus.
Bald sind sie beim Eingang des Tiergartens.
Die Lehrerin teilt die Kinder in drei Gruppen. Jede Gruppe geht mit einer anderen Lehrerin. So kann jede Gruppe selbst bestimmen, welche Tiere sie sehen will.
Sie gehen zu den Elefanten, zu den Löwen und Tigern, zu den Bären und zu den Affen.
Sie besuchen die Nilpferde, die Giraffen und auch die Kamele.
Bei den Seehunden ist viel los, denn sie werden gerade gefüttert.
Eine Gruppe geht noch zu den Flamingos, eine andere Gruppe schaut zu den Krokodilen.
Die dritte Gruppe schaut sich Schlangen an.
Zuletzt treffen sich alle beim Eingang.
Sie sind müde, aber es hat allen sehr gut gefallen.
Gemeinsam gehen sie zur Haltestelle und fahren zurück zur Schule.

Ringle alle Tiernamen ein!

Zwei Drachen werden Freunde

Es ist Freitag Nachmittag. Edi kommt von der Schule nach Hause. Mama hat schon gekocht. Edi bekommt ein gutes Mittagessen. Nach dem Essen sagt sie: „Edi, die Sonne scheint so schön. Es weht auch ein leichter Wind. Sollen wir mit deinem neuen Drachen auf die große Wiese fahren?“ „Ja, super!“, schreit Edi begeistert. „Fahren wir gleich?“ „In zehn Minuten“, sagt die Mutter, „mach dich inzwischen fertig!“ Edi läuft in sein Zimmer und holt den Drachen. Er packt ihn in ein großes Sackerl. Dann zieht er eine warme Jacke und Sportschuhe an. Jetzt ist auch die Mama fertig. Sie gehen zur Straßenbahn. Edi und die Mama steigen ein und fahren bis zur Endstation. Dann müssen sie noch ein kleines Stück zu Fuß gehen. Nach kurzer Zeit sind sie auf der Wiese. Edi packt seinen Drachen aus. Er wickelt die Schnur auf, dann läuft er los. Der Drachen fliegt in die Höhe. Edi rennt über die ganze Wiese. Da sieht er einen anderen Buben. Der rennt auch mit einer Schnur in der Hand über die Wiese. Sein Drachen ist genauso hoch oben wie Edis Drachen.

Arbeitsheft Seite 8; BIST: L1, L2, L3

Der Bub kommt Edi entgegen. Beide stoßen fast zusammen.
Sie bleiben gerade noch rechtzeitig stehen.
Sie schauen hinauf.
Auch die beiden Drachen kommen einander immer näher.
Oh je!
Doch sie stoßen nicht zusammen!
Edis Drachen dreht sich plötzlich um und fliegt in die andere Richtung, dem anderen Drachen nach.
Nun begreifen die Buben, was passiert ist:
Die Schnüre der beiden Drachen haben sich ineinander verhängt, und nun fliegen sie gemeinsam weiter.
Zuerst sind die beiden Buben ganz ängstlich, aber als sie merken, dass den Drachen nichts passiert ist, lachen sie.
„Ich heiße Edi. Und du?"
„Ich heiße Goran", sagt der andere Bub.
„Lassen wir unsere Drachen zusammen fliegen?", fragt Edi.
„Ich glaube, die zwei sind Freunde geworden."
„Das können wir doch auch!", sagt Goran.
Nun spielen die beiden Buben miteinander. So macht das Drachensteigen noch viel mehr Spaß.

Zeichne die beiden Buben mit ihren Drachen!

Hinauf! Hinunter!

Ali ist oben in seiner Wohnung im vierten Stock.
Ibo ist unten vor dem Haustor.
Sie wollen zusammen spielen.
Ali geht die Stiege hinunter.
Ibo fährt mit dem Aufzug hinauf.
Nun ist Ibo oben, und Ali ist unten.
Ali läuft wieder hinauf.
Ibo fährt wieder hinunter.
Aber jetzt ist Ibo wieder unten,
und Ali wieder oben!
Ali fährt jetzt mit dem Aufzug hinunter.
Ibo läuft die Stiege hinauf.
Oh je! Jetzt sind sie wieder nicht
zusammen!
Aber jetzt bleibt Ali unten und wartet.
Bald kommt Ibo herunter.
Endlich sind beide unten!
Sie gehen zusammen in den Park.

Arbeitsheft Seite 9; BIST: L1, L2

Tolga im Park

Um 1 Uhr kommt Tolga von der Schule nach Hause. Er hat Riesenhunger. Seine Mama hat Gemüsesuppe gekocht. Sie gibt Tolga einen großen Teller davon. Dann bekommt er noch einen Pudding. Nach dem Essen macht Tolga gleich die Aufgabe. Er beeilt sich, denn sein Freund Erkal wartet im Park auf ihn. Nach zwanzig Minuten rennt Tolga zu seiner Mama. „Mama, ich bin fertig! Darf ich in den Park gehen?", fragt er. Mama schaut die Hausübung an. Alles ist richtig. „Also gut", sagt sie. „Aber um 6 Uhr abends musst du wieder da sein!" „Mach ich! Danke, Mama!", ruft Tolga. Er zieht schnell seine Sportschuhe und die Jacke an. Dann nimmt er seinen Ball und läuft los. Erkal ist schon da. Die zwei Buben gehen auf die große Spielwiese. Dort treffen sie noch ein paar Kinder aus der Schule. Sie spielen gemeinsam Fußball. Erkal ist im Tor. Tolga schießt zwei Tore. Seine Freunde freuen sich. Tolga ist sehr stolz. Er vergisst fast, auf die Uhr zu schauen. Auf einmal fällt es ihm ein. Er läuft zu der großen Uhr beim Parkeingang. Es ist kurz vor 6. Schnell nimmt Tolga seinen Ball und rennt nach Hause. Er schafft es gerade noch, pünktlich zu sein.

Die Hexe Heulsuse bekommt Besuch

Die Hexe Heulsuse freut sich. Heute kommt ihre Freundin, die Hexe Eulalia, zu ihr. Heulsuse will eine Hexensuppe kochen. Sie fährt mit dem Hexentaxi auf den Markt. Sie kauft Sauerkraut und sieben Euleneier. Sie kauft neun Spinnen und fünf Frösche. Zu Hause gibt sie alles in einen großen Kochtopf und schüttet noch zwei Liter Essig dazu. Dann kocht sie neun Stunden lang die Suppe. Die Hexe Eulalia kommt um acht Uhr. Die beiden Hexen essen die gut gemachte Hexensuppe.

Zeichne die beiden Hexen!

*Nimm einen roten Leuchtstift und übermale alle **eu**!*

Ein verregneter Nachmittag

Am Sonntag Nachmittag regnet es. Es ist kalt draußen. Deshalb bleiben alle zu Hause. Papa liest ein lustiges Buch. Manchmal lacht er ganz laut. Selina spielt mit ihrem Puppenhaus. Tamasz hat seine Autobahn aufgebaut und spielt Autorennen. Mama sitzt vor dem Fernseher und schaut sich ein Fußballmatch an. Auf einmal läutet es an der Türe. Papa geht aufmachen. Draußen steht Florian vom zweiten Stock. Er möchte mit Tamasz spielen. Tamasz freut sich. Die beiden Buben spielen zusammen mit Autos. Sie lassen die Motoren heulen. Das ganze Haus ist erfüllt von Lärm. Mama ruft: „Schreit nicht so, ich verstehe ja nichts!" Da beenden sie das Rennen. Sie bauen nun eine Burg aus Legosteinen. Es ist ein schöner Nachmittag.

Unsere Füße

Jeder Mensch hat zwei Füße.
Jeder Fuß hat fünf Zehen.
Als kleines Kind, mit einem Jahr, lernt man gehen.
Später kann man mit den Füßen vieles machen:
Man kann gehen, laufen oder springen.
Man kann wie ein Indianer schleichen.
Man kann auf einem Fuß stehen oder hüpfen.
Man kann mit der Springschnur springen.
Man kann sich auf die Zehen stellen.
Mit den Füßen kann man auch stampfen.
Zur Musik gehen sie im Takt:
Links – rechts – links – rechts …
An den Füßen tragen wir Schuhe.
In der Schule haben wir Hausschuhe an.
Wenn du deine Füße nicht wäscht, riechen sie bald wie alter Käse.

Weißt du, welche Schuhgröße ***du*** *hast?*

Mach einen Abdruck von deinem rechten Fuß!

Was Hände alles können

Meine Hände sind sehr geschickt.
Ich kann viele Dinge mit den Händen machen.
Ich kann mit den Händen etwas angreifen.
Ich kann mit den Händen spüren, ob die Dinge weich oder hart sind.
Ich kann mit einer Hand schreiben, zeichnen oder malen.
Ich kann schneiden, kleben und basteln.
Ich kann meine Schuhe auf und zu machen.
Ich kann mich an- und ausziehen.
Ich kann mich beim Klettern anhalten.
Ich kann Sachen tragen.
Ich kann mit den Händen auch zählen und rechnen.
Ich kann einen Ball fangen und werfen.
Ich brauche die Hände zum Essen. Ich halte den Löffel oder die Gabel damit. Mit dem Messer kann ich schneiden.
Ich kann mein Fahrrad oder meinen Roller lenken.
Manche Leute können sogar auf den Händen stehen.
Ich kann dir die Hand geben.
Wenn ich jemanden lieb habe, dann kann ich ihn streicheln.

Kannst du auch etwas Besonderes mit deinen Händen?

Mein Mund

Ich habe einen Mund.
Er hat zwei rote Lippen, eine Oberlippe und eine Unterlippe.
In meinem Mund sind viele Zähne. Diese putze ich jeden Tag, damit sie mir nicht weh tun.
Die Zähne stecken im Zahnfleisch.
In der Mitte des Mundes ist die Zunge.
Oben ist der Gaumen. Er ist das Dach von meinem Mund.
Hinten in meinem Mund beginnt der Hals.
Dort sind die Speiseröhre und die Luftröhre.
Ich brauche meinen Mund.
Ich kann damit sprechen, lachen, rufen, flüstern, pfeifen, weinen oder schreien.
Ich kann meine Stimme laut oder leise machen.
Ich kann mit dem Mund aber auch Luft einatmen.
Wenn ich esse oder trinke, brauche ich den Mund.
Ich kann beißen und ich schmecke, ob die Speisen salzig oder süß, sauer oder bitter sind.
Ich spüre, ob sie kalt oder heiß sind.
Mein Mund hat viel zu tun.

Arbeitsheft Seite 13; BIST: L1, L2, L4, L5

Die Schimpfwörterkrankheit

Es war einmal ein Kind, das konnte nicht richtig sprechen. Immer, wenn es etwas sagen wollte, kam aus seinem Mund ein Schimpfwort. Es war wie eine Krankheit.

Das Kind wollte so gern mit anderen Kindern spielen.

Weil es immer Schimpfwörter sagte, wollten die anderen nicht mit ihm spielen.

Das Kind war sehr traurig.

Es wollte so gern lernen, wie man richtig spricht, aber niemand zeigte es ihm.

Eines Tages traf es im Park einen alten Mann.

Das Kind rief ihm gleich ein böses Schimpfwort zu.

Der Mann aber lächelte.

„Ich war auch einmal ein Kind, das nur schimpfen konnte", sagte er. „Das ist eine schlimme Krankheit."

„Und wie bist du gesund geworden?", fragte das Kind.

„Ich habe immer, wenn ein Schimpfwort aus meinem Mund heraus wollte, den Mund ganz fest zugemacht", erklärte der Mann. „Bald habe ich dann die Schimpfwörter ganz vergessen. Schließlich sind von ganz allein freundliche Wörter in meinen Kopf gekommen, und die habe ich dann gesagt. Auf einmal waren alle anderen Kinder nett zu mir!"

Große Aufregung

Die 2C hat Freiarbeit. Einige Kinder schreiben, andere rechnen. Eine Gruppe sitzt am Boden und macht ein Lesespiel, ein paar andere basteln.

Nur Harry schaut in die Luft. Vor ihm auf dem Tisch liegt sein eingeschaltetes Handy.

Da kommt die Frau Lehrerin zu ihm.

„Harry, schalte das Handy aus", sagt sie.

„Nein, bitte n..!", schreit Harry da laut auf.

„Was ist denn los?", fragt die Frau Lehrerin. Sie hat schon gemerkt, dass etwas Besonderes sein muss, denn Harry ist sonst nie so unfolgsam.

Da sagt Harry ganz leise: „Meine Mama ist im Spital. Ich bekomme doch heute einen kleinen Bruder, und der Papa ruft mich an, wenn er da ist!"

„Ach so!", sagt die Lehrerin und lacht. „Na, da müssen wir wohl eine Ausnahme machen." Harry ist sehr froh.

Er nimmt sogar sein Mathebuch und beginnt zu rechnen.

Plötzlich läutet das Handy, ganz laut.

Harry nimmt es und ruft ungeduldig: „Jaaaa?"

Dann ist es still. Kein Kind rührt sich.

Plötzlich dreht sich Harry um, legt das Handy weg und ruft: „Juhuuu! Ich habe einen Bruder!"

Nun kommen von allen Seiten Glückwünsche. Alle Kinder wollen ihm gratulieren. Harry freut sich sehr.

Bald ist es zwölf Uhr, dann wird ihn der Papa holen und sie fahren zur Mama, um das Baby anzuschauen.

Arbeitsheft Seite 13; BIST: L1, L2

Das alte und das neue Haus

In der Baumgasse steht ein kleines, altes Haus.
Es ist grau und schmutzig, die Fenster sind kaputt, die Türe ist ganz schief und das Dach hat Löcher.
Niemand wohnt in dem alten Haus.
Daneben steht ein neues Haus, darin wohnt Bella.
Eines Tages kommen Bagger und reißen das alte Haus weg.
Auf dem leeren Platz wird ein neues Haus gebaut.
Zuerst wird eine tiefe Grube gegraben. Darin wird das Fundament gebaut.
Darauf kommt das Haus. Es hat vier Stockwerke und jeder Stock einen Balkon. Das Dach ist rot.
Bald kommen auch Fenster und Türen hinein.
Dann kann Bella nicht mehr sehen, was passiert, denn sie darf nicht hinein.
Aber Mama sagt ihr, dass nun in den Wohnungen elektrische Leitungen, Wasserleitungen und Böden verlegt werden. Nach ein paar Monaten ist das Haus fertig.
Einige Wochen später kommt ein neues Mädchen in Bellas Klasse. Sie heißt Linda und setzt sich nun neben Bella.
Linda erzählt, dass sie in eine neue Wohnung gezogen ist und deshalb auch die Schule wechseln musste.
Auf dem Heimweg kommen die beiden Mädchen drauf, dass Linda in dem neuen Haus wohnt. Bella und Linda sind nun Nachbarinnen und bald auch gute Freundinnen.

Geld

Manuel hat nie genug Geld. Wenn alle Kinder Geld für einen Straßenbahnfahrschein bringen sollen, oder für eine Theateraufführung, dann sagt Manuel immer: „Meine Mama hat zu wenig Geld.“ Aber Manuel kauft sich jeden Tag eine Jause beim Bäcker. Er hat auch sehr oft Naschereien oder kleine Spielzeugautos mit. Auf seine Schulsachen passt Manuel nie auf. Er verliert immer wieder seinen Radiergummi, seinen Spitzer oder seine Buntstifte. Ebenso seine Schere oder den Klebstoff, weil er alles irgendwo liegen lässt. Was runterfällt, hebt er nicht auf. Seine Mama muss jede Woche etwas nachkaufen. Deshalb hat sie dann zu wenig Geld für wichtige Dinge. Zlatans Mama hat auch sehr wenig Geld. Aber Zlatan bringt immer alles, was er braucht. Er passt auf seine Sachen sehr gut auf und verliert nie etwas. Er steckt alles immer gleich ein, wenn er es nicht mehr braucht. Zur Jause bekommt er von seiner Mama immer ein Brot und einen Apfel mit. Das kostet viel weniger als die Jause vom Bäcker. Zlatan kauft sich fast nie Naschereien, er spart sein Taschengeld. Wenn er dann wirklich etwas braucht, dann hat er genug Geld.

Wie machst du es?

So ein Pech!

Sanela steht jeden Tag um sieben Uhr auf, damit sie rechtzeitig in die Schule kommt.

Heute ist sie schon munter, bevor Mama sie aufweckt.

Sie steht auf, geht ins Badezimmer, zieht sich an und dann frühstückt sie in der Küche.

Mama hat den Tee und das Brot schon hergerichtet.

Auf der Uhr in der Küche ist es genau halb acht, wenn Sanela weg geht.

Sie muss die Kreuzung überqueren und dann marschiert sie die Straße entlang bis zur Schule.

Sanela wundert sich, dass sie heute keine anderen Kinder sieht.

Dann steht sie vor dem Schultor. Es ist zu, und niemand ist da.

Sanela will aufmachen, aber das Tor ist versperrt.

Nanu? Ist heute Sonntag oder ein Feiertag?

Sanela denkt angestrengt nach, aber ihr fällt nichts ein.

Auf einmal öffnet sich das Schultor und der Schulwart schaut heraus.

„Ja was machst du denn schon da?", fragt er, „Es ist ja gerade erst dreiviertel sieben!"

Sanela staunt. „Aber ... zu Hause war es doch schon halb acht!", sagt sie leise.

„Ach so, da habt ihr wohl vergessen, die Uhr umzustellen! Wir haben doch jetzt wieder Winterzeit!", erklärt der Schulwart lachend.

Sanela erschrickt. Aber dann muss sie auch lachen.

Sie darf ausnahmsweise schon in die leere Schule und wartet dort auf die anderen.

Fernsehen

„Kommst du heute Nachmittag zu mir?", fragt Zoran seinen Freund Stefan.

„Ja, gern, gleich nach der Aufgabe komme ich!", sagt Stefan.

Er besucht oft seinen Freund Zoran. Sie spielen immer mit Zorans Autos. Er wohnt in der gleichen Gasse, nur drei Häuser weiter.

Um vier Uhr nachmittags läutet er bei Familie Nali.

Zoran macht selbst auf.

Die beiden gehen ins Wohnzimmer, dort läuft der Fernseher.

„Schauen wir uns den Film an?", fragt Zoran und setzt sich gleich auf die Couch.

Stefan ist enttäuscht. Er hat sich auf das Spiel mit den Autos gefreut.

Aber Zoran schaut heute nur auf den Fernseher.

Stefan langweilt sich. Den Film findet er fad.

Er denkt: Fernsehen kann ich doch auch zu Hause, dazu muss ich nicht hierher kommen.

Nach einer Weile steht er auf und geht hinaus.

Er zieht seine Schuhe an und verabschiedet sich von Zorans Mama. Dann geht er nach Hause.

Zoran hat es gar nicht bemerkt.

Stefan nimmt zu Hause seine Eisenbahn und spielt damit. Das ist schöner als der langweilige Film.

Nikolaus

Vor vielen, vielen Jahren hat einmal ein sehr lieber und guter Mann gelebt.

Sein Name war Nikolaus. Er hat in einer kleinen Stadt in der Türkei gelebt.

Er hat den armen Menschen geholfen.

Er hat ihnen etwas zu essen gegeben.

Er hat ihnen Kleider gegeben.

Er hat für die Kinder gesorgt.

Alle Leute haben ihn sehr gern gehabt.

Später haben sie ihren Kindern und Enkeln von diesem Mann erzählt.

Bis heute hat ihn niemand vergessen.

Jedes Jahr am 6. Dezember erinnern sich die Menschen an ihn und feiern den Nikolaustag.

Da bekommen alle Kinder kleine Säckchen mit Süßigkeiten und Nüssen.

Sie freuen sich dann und sagen :

„Der Nikolaus war da!"

Mal ein Bild vom Nikolaus!

Weihnachten

Alle Kinder freuen sich auf das große Fest.
Sie öffnen jeden Tag ein Türchen am Adventkalender und zünden die Kerzen am Adventkranz an.
Sie basteln Weihnachtsschmuck und kleine Geschenke.
Sie gehen auf den Christkindlmarkt.
Sie denken nach, was sie sich wünschen sollen.
Sie schreiben Briefe an das „Christkind" .
Sie üben Weihnachtslieder und lernen Gedichte.
Alle.
Alle?
Viele Kinder sind bei diesem Fest nur „Zuschauer" .
Sie haben eine andere Religion, deshalb feiern sie dieses Fest nicht.
Sie sind beim Singen und Basteln gerne dabei .
Sie freuen sich, wenn sie ein Türchen am Adventkalender öffnen oder Kerzen anzünden dürfen.
Sie gehen auf den Christkindlmarkt mit, aber sie schmücken zu Hause keinen Weihnachtsbaum.
Sie schreiben keine Wünsche auf und bekommen keine Geschenke.
Der 24. Dezember ist für sie ein ganz normaler Tag.
Sie feiern kein Fest.
Aber sie freuen sich, dass sie Ferien haben!
Sie feiern dafür andere Feste. Vielleicht lernen wir ihre Feste auch kennen.

Der überraschte Weihnachtsmann

Es war kurz vor Weihnachten. Der Weihnachtsmann war schon unterwegs, um die Geschenke auszuteilen. Abends stellte er seinen großen Sack in den Keller, und am Morgen holte er ihn und machte sich auf den Weg. In der Nacht aber passierte etwas Merkwürdiges. Der Osterhase, der ja im Winter nichts zu tun hat, langweilte sich. Er machte einen Spaziergang und kam am Haus des Weihnachtsmannes vorbei. Er schaute durch das Kellerfenster, und sah den großen, braunen Sack dort stehen. Da kam ihm eine Idee. Am nächsten Morgen kam der Weihnachtsmann in den Keller, nahm den Sack auf den Rücken und marschierte los. Er ging zuerst zu Simon, einem kleinen Buben in der Sommerstraße. Dort wollte er ein Paket hinbringen. Als er aber den Sack aufmachte, fand er drinnen lauter Ostereier!

Weißt du, welche Idee der Osterhase gehabt hat?

Ein besonderer Tag

Es ist der 23. Dezember.

Die Lehrerin hat sich von allen Kindern verabschiedet und ihnen frohe Weihnachten und schöne Ferien gewünscht.

Mustafa freut sich auf die zwei Wochen Ferien. Er freut sich auch auf Silvester, den Tag, an dem er um Mitternacht das neue Jahr mit Feuerwerk und Knallern begrüßen darf.

Die Tage davor werden aber wohl ein bisschen langweilig werden, denkt er. Deshalb fragt er seinen Freund Marko: „Was machst du denn morgen? Wollen wir zusammen im Park Fußball spielen?"

Marko schaut ihn ganz entsetzt an: „Morgen?", fragt er.

„Ja, morgen, wenn das Wetter schön ist!"

„Aber morgen habe ich keine Zeit!", sagt Marko.

„Warum denn nicht?", fragt Mustafa, „es sind doch Ferien!"

„Ja, aber …" Marko schaut ganz komisch. „Morgen ist doch Weihnachtsabend!"

Nun schaut Mustafa komisch. Es ist ihm direkt peinlich, dass er nicht daran gedacht hat. „Ach ja, das habe ich ganz vergessen.", murmelt er dann leise. „Ich wünsche dir frohe Weihnachten!"

Mustafa weiß genau, dass morgen Weihnachten ist. In seiner Familie wird dieses Fest nicht gefeiert. Er hat nicht daran gedacht, dass sein Freund da keine Zeit hat.

Was Marko wohl am Weihnachtsabend tut?

Er ist neugierig.

Er hat gehört, dass die Leute einen Tannenbaum ins Zimmer stellen und ihn schmücken. So wie die Weihnachtsbäume in den Auslagen der Geschäfte.

Da hört er Markos Stimme: „Magst du mich nach den Feiertagen einmal besuchen kommen?", fragt er. „Ich zeige dir dann unseren Weihnachtsbaum und meine Geschenke."

Mustafa freut sich sehr über diese Einladung. Er hofft, dass seine Eltern ihm erlauben werden, Marko zu besuchen.

„Danke", sagt er. „Ich hoffe, dass ich kommen darf."

„Ich ruf dich am Sonntag an, dann sage ich dir, wann es geht", sagt Marko. „Schöne Ferien!"

„Dir auch!", ruft Mustafa. Dann geht er nach Hause.

Feierst du das Weihnachtsfest?

Kennst du noch andere Feste?

Welche Feste feierst du mit deiner Familie?

Was ist ein Ausländer?

Wenn ich aus meinem Land hinaus fahre, dann bin ich im Ausland.

Im Ausland bin ich dann Ausländer oder Ausländerin.

Ich bin in Österreich geboren, und meine Eltern auch, deshalb bin ich Österreicher.

Wenn wir aber in den Sommerferien nach Italien fahren, sind wir dort Ausländer.

Wenn Herr Huber nach London fliegt, um sich die Stadt anzusehen, ist er dort ein Ausländer.

Wenn Frau Berger nach Antalya fliegt, weil sie im Meer baden möchte, dann ist sie dort Ausländerin.

Wenn meine Eltern hier keine Arbeit finden, deshalb nach Kanada fahren und dort leben wollen, dann sind wir dort Ausländer.

Wenn Herr Carretti aus Italien nach Wien kommt, weil er den Stephansdom anschauen will, dann ist er hier Ausländer.

Wenn Mohammeds Eltern in Ägypten keine Arbeit finden, und nach Österreich kommen, sind sie hier Ausländer.

Aber eigentlich ist es egal, wo man geboren wird und wo man lebt.

„Ausländer" ist nur ein Wort.

Es ist nicht wichtig, wer ein Ausländer ist und wer nicht.

Wichtig ist, dass sich alle Menschen, die im gleichen Land leben, gut vertragen.

Woll'n wir alle gute Freunde sein? Spielen, lachen, uns zusammen freu'n?

Miteinander macht uns alles Spaß: Wir sind schlau, wir wissen das!

Marion mag den Winter

Sie findet Schnee und Eis toll.
Sie zieht gerne dicke Pullover, warme Jacken und Handschuhe an.
Sie hat einen roten Mantel, eine blau-rot gestreifte Haube, einen blauen Schal und rote Handschuhe.
Marion baut gerne riesige Schneemänner.
Im Garten vor ihrem Haus hat sie schon drei Schneemänner gebaut.
Sie sehen wie eine ganze Familie aus.
Der größte Schneemann hat einen alten Hut von ihrem Opa auf dem Kopf und einen Stock in der Hand.
Der kleinste Schneemann hat eine Babymütze auf und einen Schnuller im Mund.
Der zweite Schneemann hat eine große Karottennase, einen alten Schal von der Mama und bunte Knöpfe.

Kannst du die drei Schneemänner zeichnen?

Nimm dir ein Stück schwarzes Papier!

Arbeitsheft Seite 21; BIST: L1, L2

Das Jahr

Das Jahr beginnt im Jänner, mitten im Winter.
Es ist kalt, es schneit oft, und es wird sehr früh am Abend schon dunkel.
Aber nach zwei Monaten wird es langsam wärmer.
Der Tag beginnt schon früher und die Sonne kommt öfter hervor.
In den Gärten und auf den Wiesen sieht man schon manchmal ganz kleine Blümchen: Schneeglöckchen, Veilchen, Primeln und Krokusse.
Das ist der Frühling.
Das Gras wächst wieder, und die Bäume bekommen Blätter und Blüten.
Das Wetter wird immer wärmer, nur manchmal regnet es.
Nach drei Monaten beginnt dann der Sommer.
Nun wird es richtig heiß.
Wir ziehen ganz leichte, dünne Sachen an.
Überall ist es grün, alles wächst und blüht.
Die Kinder haben Ferien und die Erwachsenen fahren auf Urlaub.
Sie können baden und Eis essen gehen .
Aber nach zwei Monaten wird es wieder kühler.
Langsam kommt der Herbst.
Das Obst wird reif und die Kastanien fallen von den Bäumen.
Es wird zeitiger dunkel, und es ist oft regnerisch, windig und kühl.
Die Blätter auf den Bäumen werden gelb und braun, und bald fallen sie herunter.
Nun wird es wieder kalt und dunkel.
Bald beginnt die Adventzeit, und kurz vor Weihnachten fängt wieder der Winter an.

.... und wie geht es dann weiter?

Zwei Mädchen im Schnee

Am Dienstag Nachmittag fängt es an zu schneien.
Dragica sitzt beim Tisch und machte ihre Hausübung.
Dazwischen sieht sie zum Fenster hinaus.
„Mama, schau, es schneit!", ruft sie laut.
Mama kommt herein und schaut auch zum Fenster.
„Ja, wirklich! Das ist ja schlimm!", sagt sie.
„Nein, das ist doch schön!" Dragica wundert sich.
„Wenn es schneit habe ich viel Arbeit. Ich muss dann den Gehsteig sauber machen!", erklärt ihr die Mutter.
Dragicas Mama ist Hausbesorgerin. Klar, dass sie sich nicht über den Schnee freut!
Dragica freut sich trotzdem.
„Mama, darf ich nach der Aufgabe in den Hof gehen?", fragt sie.
„Wenn du alles fertig hast, kannst du hinunter gehen. Aber zieh dich warm an!", sagt die Mutter.
Dragica beeilt sich mit dem Schreiben.
Nachher räumt sie schnell ihre Hefte und Bücher in ihre Schultasche.
Dann zieht sie eine warme Hose, Stiefel und eine dicke Jacke an.
Sie nimmt Fäustlinge mit, bindet sich einen Schal um und setzt eine Haube auf.
Sie öffnet die Wohnungstür.
Da steht ihre Freundin Meryem, die gleich neben ihr wohnt, und Dragica fragt:
„Hallo, Meryem, ich wollte dich gerade holen! Gehen wir in den Hof?"
„Haha", lacht Meryem. „Ich wollte dich auch abholen."
Die beiden Mädchen lachen. Sie gehen miteinander hinunter in den Hof und bauen einen riesigen Schneemann.

Buben und Mädchen

„Jetzt reicht es mir aber!"

Da Emine und Melek schon wieder tratschen, wird die Lehrerin ziemlich böse.

„Emine, nimm bitte alle deine Sachen und setz dich auf den leeren Platz neben Martin!", sagt sie.

Emine erschrickt. Das kann doch nicht sein! Sie – neben einem Buben?

Auch Martin schaut sehr entsetzt drein. Wie soll denn das werden, mit einem Mädchen als Nachbarin!

Aber die Lehrerin ist unerbittlich.

Langsam geht Emine zu Martins Tisch und setzt sich auf den leeren Sessel. Die beiden rücken soweit es geht auseinander.

Sogar ein Nilpferd hätte dazwischen noch Platz.

Sie schauen einander nicht an.

Dann beginnt die Freiarbeit.

Emine nimmt ein Arbeitsblatt, auf dem sie die richtigen Artikel zu den Wörtern schreiben muss.

Martin übt das Einmaleins.

Bald hat Emine ein Problem: Sie weiß nicht, ob man „der Herd" oder „das Herd" sagt. Melek hat ihr immer geholfen.

Ob sie ihren neuen Nachbarn fragen soll?

Martin kaut an seinem Bleistift und versucht herauszufinden, wie viel 7 mal 3 ist. Er wirft einen Blick zu Emine, denn er weiß, dass sie gut in Rechnen ist. Emine sieht die Rechnung, die Martin gerade macht.

Schnell und leise sagt sie: „3 mal 7 ist 21, aber kannst du mir sagen, ob ich bei „Herd“ der oder das schreiben soll?“

„Der Herd“, murmelt Martin, und dann sagt er noch fast unhörbar: „Danke!“

Beide arbeiten weiter.

Um 10 Uhr ist Esspause. Martin holt sein Weckerl aus der Tasche, und Emine hat etwas, das wie eine Minipizza aussieht und sehr lecker riecht.

Martin ist neugierig: „Was isst du da?“, fragt er.

„Das heißt Lahmacun und ist eine türkische Pizza“, erklärt sie. „Willst du kosten?“

Martin nimmt das angebotene Stück und steckt es in den Mund.

„Mmmmmh! Das schmeckt ja super!“ ruft er. „Wo kaufst du das?“

Emine schaut ihn verwundert an. „Das macht meine Mama selber!“, sagt sie dann stolz.

Nun ist Martin dran, sich zu wundern.

„Hast du öfters so gute Sachen mit?“, fragt er.

„Ja, fast immer. Meine Mama gibt mir jeden Tag etwas von zuhause mit“, antwortet Emine.

Jetzt ist Martin gar nicht mehr so böse über die neue Nachbarin.

Und auch Emine hat sich beruhigt und denkt: „So übel ist er gar nicht!“

Martin & Emine (♥)

Martin und Emine sitzen nun schon seit einer Woche nebeneinander, und sie reden sogar manchmal miteinander. Die anderen Kinder wundern sich. Und eines Tages schreibt jemand an die Tafel:

Martin & Emine (♥)

Die beiden finden das ziemlich dumm, und Emine nimmt den Schwamm und löscht es weg. Aber am nächsten Tag steht es wieder da. Diesmal löscht Martin es weg. Emine wird böse. Sie schreit ihre Freundinnen an: „Nur weil ich mit Martin nicht streite, muss ich doch nicht verliebt sein, oder?" Aber die Kinder finden das Spiel so lustig, dass sie weiter machen. Emine ist traurig, und Martin ist böse. Emine will gar nicht mehr in die Schule gehen, so sehr ärgert sie sich. Und Martin würde am liebsten alle verprügeln. Sollen sie nun so tun, als könnten sie sich nicht leiden? Sollen sie die Lehrerin bitten, sie wieder auseinander zu setzen?

Was könnten die beiden machen?

Hast du eine Idee?

Ein Kleid für die Prinzessin

Baiba möchte als Prinzessin zum Faschingsfest gehen. Aber die Mama will ihr kein Kleid kaufen. Baiba ist sehr traurig. Was soll sie anziehen? Am Abend vor dem Faschingsfest sagt Mama: „ Baiba, komm einmal her!“ Mama steht vor dem Kleiderkasten. Sie hat einen glänzenden, grünen Rock in der Hand. „Daraus machen wir jetzt ein Prinzessinnenkleid!“, sagt sie. Baiba staunt. Mama zieht ihr den Rock über den Kopf. Den Gummi muss sie enger machen, aber sonst passt er. Er ist ganz lang und sieht toll aus. Nun nimmt Mama einen silbernen Schal, und macht daraus ein Oberteil. Das passt genau zu dem Rock. Zuletzt findet Mama noch einen grünen Schal und macht daraus einen Schleier. Dann nimmt sie aus einer Schachtel eine kleine, silberne Krone und setzt sie Baiba auf den Kopf. Baiba steht vor dem Spiegel und ist glücklich. Am nächsten Tag geht sie stolz als Prinzessin zum Faschingsfest. Sie hat das schönste Kostüm, und es hat gar nichts gekostet!

Der Zauberer

Omar möchte ein Zauberer sein. Er hat einen Zauberkasten und will zum Faschingsfest als Zauberer gehen.
Aber woher soll er ein passendes Gewand nehmen?
Seine Mama hat kein Geld für Faschingskostüme.
Sie kennt „Fasching" überhaupt nicht.
Omar sitzt zuhause vor dem Fernseher und ärgert sich.
Da kommt Onkel Hasan zu Besuch.
Er fragt: „Was ist Omar? Warum schaust du so böse?"
Omar erzählt dem Onkel vom Faschingsfest in der Schule, und dass er so gerne ein Zauberer sein möchte.
„Ach, da werden wir schon etwas finden!", sagt Onkel Hasan. „Komm einmal mit!"
Sie gehen ins Schlafzimmer und Onkel Hasan macht den Kasten auf.
Sie finden eine blau-grau gestreifte Pyjamahose vom Papa.
Sie finden eine rote lange Jacke von Mama.
Sie finden die alte Schultüte seiner großen Schwester Ülküs.
Die Pyjamahose wird ein bisschen kürzer gemacht.
Auf Mamas roter Jacke werden ein paar goldene Sterne aufgeklebt.
Die alte Schultüte wird mit Goldfarbe besprüht und mit dunkelblauen Sternen bemalt. So wird daraus ein hoher, spitzer Hut.
Dann zieht Omar alles an. Er setzt den Hut auf, nimmt den Zauberstab aus seinem Zauberkasten und setzt noch eine kaputte, alte Brille auf. Mit Mamas Schminkstift malt er sich noch einen Schnurrbart.
Er ist ein toller Zauberer!

Ein Besuch beim Arzt

Am Dienstag kommt Aylin um drei Uhr vom Hort nach Hause. Als sie anläutet, dauert es ganz lange, bis ihre Mama die Tür aufmacht. Sie geht ein bisschen gebückt und ist ganz blass.

„Mama, was hast du denn?", fragt Aylin.

„Ach, mir tut der Rücken so weh!", sagt Mama.

„Willst du nicht zum Arzt gehen?", fragt Aylin.

„Ich kann ja nicht", sagt Mama. „Der Papa kommt erst spät, da hat der Arzt schon zugesperrt!"

„Ich kann doch mit dir gehen", sagt Aylin.

Natürlich redet Aylin mit ihrer Mama Türkisch. Sie weiß, dass die Mama nicht genug Deutsch kann und deshalb nicht alleine zum Arzt gehen will.

„Mama, ich kann dem Herrn Doktor sagen, was du hast!", sagt Aylin. „Komm, gehen wir!"

Mama ist froh. Sie zieht den Mantel an und die beiden machen sich auf den Weg.

Bald sind sie in der Ordination.

Sie müssen ein wenig warten, aber dann werden sie vom Arzt hineingebeten.

Aylin kann dem Herrn Doktor genau erklären, was ihrer Mama weh tut. Er gibt der Mama eine Spritze, und sagt, dass sie sich zu Hause ins Bett legen soll.

Zum Abschied gibt er Aylin die Hand und sagt: „Du bist ein tüchtiges Mädchen. Toll, wie gut du Deutsch kannst!"

Aylin freut sich sehr.

Auch Mama ist stolz auf ihr gescheites Mädchen.

Bald geht es ihr wieder besser.

Ronnie ist krank

Ronnie geht gerne in die Schule.

Meistens macht ihm das Lernen Spaß.

Aber heute findet er Schreiben und Lesen mühsam.

Er soll ein paar Sätze in sein Heft schreiben und die fehlenden Wörter einsetzen.

Normalerweise kann er das, aber heute plagt er sich sehr.

„Was ist los, Ronnie?", fragt die Lehrerin. „Du bist ja erst beim zweiten Satz! Beeil dich ein bisschen!"

Ronnie schaut angestrengt auf sein Blatt. Er findet die Zeile nicht und weiß nicht, wo es weiter geht.

Was ist nur los? Sein Kopf tut weh, alles verschwimmt vor seinen Augen. Dann fällt ihm noch die Füllfeder aus der Hand. Er will sie aufheben und bückt sich. Dabei wird ihm ganz schwindlig.

Ronnie legt den Kopf auf den Tisch.

„Ronnie, was hast du denn?", fragt die Lehrerin besorgt. Sie weiß, dass Ronnie immer fleißig ist, und merkt, dass etwas mit ihm nicht stimmt.

Ronnie hebt den Kopf und schaut die Lehrerin an. Seine Augen glänzen und sein Gesicht ist ganz rot.

Die Lehrerin legt die Hand auf seine Stirn. „Du hast ja Fieber!", ruft sie erschrocken.

„Mir tut der Kopf so weh.", murmelt Ronnie und legt den Kopf wieder auf den Tisch.

„Ich rufe sofort deine Mama an!", sagt die Lehrerin und geht gleich aus der Klasse. Zum Glück ist auch Fatma, die Türkischlehrerin, da. Die Kinder arbeiten weiter.

Hinten in der Klasse steht ein Sofa. Ronnie darf sich dort hinlegen. Nach wenigen Minuten kommt die Lehrerin zurück. Sie sagt, dass Ronnies Mama gleich kommen wird.

Ronnie ist froh. Er geht zu seinem Platz und räumt seine Sachen in die Schultasche. Sein Freund Eldin hilft ihm dabei.

Zehn Minuten später geht die Klassentür auf und Ronnies Mutter schaut herein.

Ronnie nimmt seine Tasche, sagt „Auf Wiedersehen!" und geht hinaus.

„Baldige Besserung!", rufen die Kinder. „Schau, dass du schnell wieder gesund wirst!"

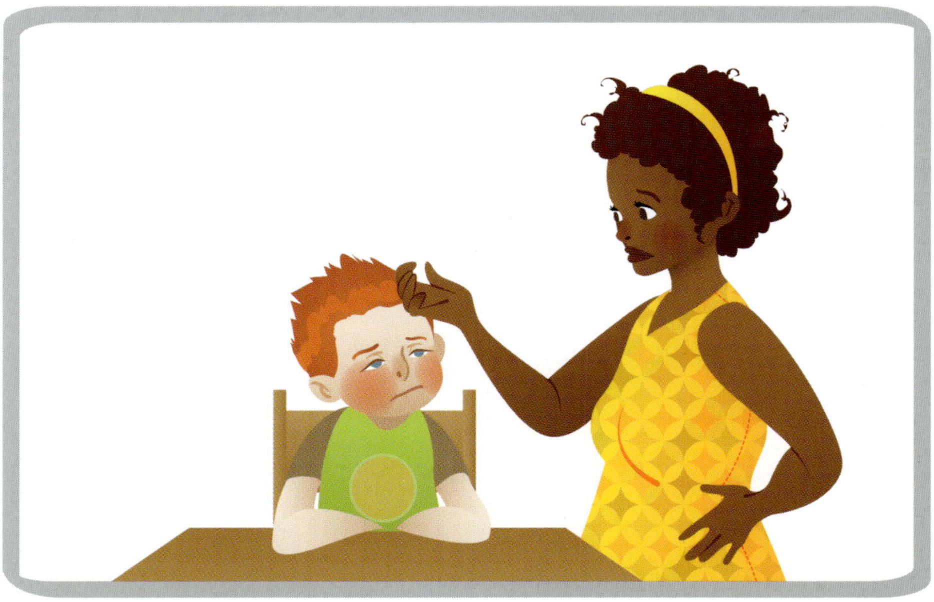

Das Krokodil hat Zahnweh

Es war einmal ein sehr böses Krokodil.
Alle Tiere hatten Angst vor ihm.
Sie wollten auch in den Fluss, aber das Krokodil erlaubte es nicht.
Sie mussten sogar zum Trinken und zum Baden zu einem anderen Fluss laufen.
Eines Tages hörten die Tiere ein lautes Stöhnen. „Auhhh, ohhhhh!"
„Was ist das für ein Lärm?", fragten sie.
Sie gingen näher und sahen das böse Krokodil. Es hielt seine Wange und jammerte, weil es solche Zahnschmerzen hatte.
Alle schauten ängstlich, kein Tier traute sich, näher zu kommen.
Da kam eine kleine Maus. Sie lief einfach in das offene Maul des Krokodils hinein.
Die anderen Tiere bekamen noch mehr Angst.
Aber die kleine Maus lief mutig noch tiefer hinein. Dann blieb sie stehen, schnupperte ein bisschen und zog dann etwas heraus.
Sie nahm das Ding auf die Schulter und kam wieder aus dem Riesenmaul heraus.
Da sahen alle, was es war: Die Maus hatte dem Krokodil einen Zahn gezogen!
Als die Tiere das sahen, waren sie sehr froh und erleichtert und riefen laut: „Hurra! Hoch die mutige Maus!"
Das Krokodil freute sich auch, denn jetzt hatte es keine Zahnschmerzen mehr.
Zum Dank erlaubte das Krokodil den Tieren, ab jetzt in seinem Fluss zu baden.

Zeichne die Maus und das Krokodil!

Arbeitsheft Seite 27; BIST: L1, L2, L3

Ich will nicht weg!

Bodo wohnt mit seinen Eltern und der kleinen Schwester in einer sehr kleinen Wohnung. Sie haben nur eine Küche und ein einziges Zimmer. Es ist sehr wenig Platz.

Deshalb suchen Mama und Papa eine neue Wohnung.

Bodo möchte auch gerne eine große Wohnung und ein eigenes Zimmer, aber er möchte nicht in eine andere Schule gehen!

Mama sagt, wenn die neue Wohnung weit weg ist, dann kann er nicht mehr hier in die Schule gehen.

Bodo hat Angst. Er hat hier so viele Freunde, die möchte er nicht verlieren.

Eines Tages sagt Papa: „Ich glaube, jetzt haben wir eine Wohnung gefunden!"

Bodo freut sich gar nicht.

Am Sonntag wollen sie die Wohnung anschauen.

Papa und Mama sind schon fertig, aber Bodo zögert.

„Komm endlich, Bodo!", ruft die Mama.

Als Bodo ins Auto steigt, hat er Tränen in den Augen.

Aber schon nach ganz kurzer Zeit bleiben sie vor einem schönen, hellen, großen Haus stehen.

Sie fahren mit dem Lift in den vierten Stock. Dort sperrt Papa die Wohnungstür auf.

Sie gehen hinein. Es gibt eine Küche, ein Bad und drei Zimmer.

Bodo gefällt das sehr gut, aber er kann es nicht zeigen.

Er hat noch immer Angst.

„Muss ich jetzt in eine andere Schule?", fragt er vorsichtig.

Aber da sagt seine Mama: „Wenn du zwei Stationen mit der Straßenbahn fährst, kannst du weiter in deine Schule gehen."

Da fällt Bodo ein Stein vom Herzen!

„Klar kann ich das!", schreit er.

Jetzt kann er sich erst richtig über die tolle Wohnung und das eigene Zimmer freuen.

Kübras Haus

Kübra hat vier kleine Geschwister. Sie wohnt mit ihrer Familie in einer kleinen Wohnung, mit nur zwei Zimmern. Es gibt kein Badezimmer, nur eine Dusche in der Küche.

Eines Tages wird in der Schule über Wohnungen geredet.

Jedes Kind erzählt von Zuhause.

Fast alle haben eine größere Wohnung, viele sogar ein eigenes Zimmer.

Kübra zeigt nicht auf. Sie schämt sich, von der winzigen Wohnung zu erzählen.

Aber die Lehrerin ruft sie trotzdem: „Kübra, wo wohnst du denn?"

Kübra schaut auf den Boden. Ganz leise sagt sie: „Unsere Wohnung ist ziemlich klein."

Plötzlich fällt ihr etwas ein: In der Türkei, im Dorf bei den Großeltern, haben die Eltern ein schönes, großes Haus gebaut. Das kann sie doch erzählen!

„In der Türkei, in Amasra, haben wir ein großes Haus am schwarzen Meer!", sagt sie. „Da habe ich ein eigenes Zimmer, und meine Geschwister auch!"

„Oh, wie schön!", meint die Lehrerin. „Hast du ein Bild davon?"

Kübra verspricht, am nächsten Tag ein Bild mitzubringen.

Sie vergisst es nicht und alle Kinder schauen das schöne Haus an.

Kübra ist nicht mehr traurig. Sie freut sich auf die Ferien, denn da wird sie wieder in die Türkei fahren und ihr eigenes Zimmer haben.

Wo Menschen wohnen

Viele Menschen wohnen in einem gemieteten Haus. Einige haben ein eigenes Haus. Manche wohnen in einem Hochhaus. Andere wohnen in einem kleinen Gartenhaus. Einige wohnen in ganz alten Häusern. Manche Leute wohnen in einem Zelt. Manche Leute wohnen auf einem Boot. Andere wohnen in einem Wohnwagen. Manche Menschen wohnen in einer Höhle. Manche haben eine Hütte aus Ästen und Fellen. Irgendeine Wohnung haben alle. Die Wohnung schützt uns vor Regen, Kälte und Gefahren.

Zeichne dein Haus oder deine Wohnung.

Und wo möchtest du wohnen?

Peter möchte auf einem Turm wohnen, wo er auf alle anderen herunter schauen kann.

Daniel möchte in einem Wohnwagen leben und jeden Tag woanders hinfahren.

Rita möchte wie eine Prinzessin in einem Schloss wohnen.

Samantha möchte gerne ein Haus mit einem großen Garten haben.

Samuel möchte in einem Waggon des Riesenrades im Wiener Prater wohnen und immer auf und ab fahren.

Farid möchte auf einem Schiff leben und über das Meer fahren.

Linda möchte in einem Zelt wohnen und es immer wieder woanders aufstellen.

Cornelia möchte in einem sehr hohen Hochhaus im obersten Stock wohnen.

Heinzi möchte wie ein Inuit in einem Iglu wohnen.

BIST: L1, L2, L4

Kalt

Draußen ist es kalt.

Bitterkalt. Zitterkalt. Eiskalt.

Wenn Sanja auf die Straße geht, friert sie an den Fingern, an den Händen, im Gesicht und auch sonst überall. Sie zieht ihre dicksten Sachen an, aber sie friert immer noch.

Seit vier Wochen ist es schon so kalt.

Jeden Tag ist es grau und wolkig, die Sonne kommt nie heraus.

Dabei ist es schon Februar und der Frühling soll bald kommen.

Sanja hat den Winter satt.

Zuerst hat sie sich gefreut, als es schneite.

Aber immer nur Schnee und Kälte, das hält ja kein Mensch aus! Sie hat schon genug Schneemänner gebaut, genug Schneebälle geworfen und ist oft genug Rodeln gegangen.

Jetzt will Sanja nicht mehr.

Am nächsten Tag will sie gar nicht aufstehen.

Sie versteckt sich unter der Decke und sagt: „Mama, ich glaube, ich bin krank!"

„Oh, das ist aber schade!", sagt Mama, „heute scheint nämlich die Sonne!"

„Waaaas? Wirklich?", schreit Sanja. Sie springt aus dem Bett und läuft zum Fenster.

„Ist der Frühling schon da?", fragt sie.

„Ich glaube, jetzt wird er bald kommen!", sagt ihre Mama.

Jetzt ist Schluss!

Wenn der kalte Wind uns eisig um die Ohren weht,
und der Schneemann sieben Wochen schon im Garten steht,
rufen wir voll Überdruss: „Jetzt ist Schluss!“

Wenn es immer wieder schneit, und es stets kälter wird,
und uns auf dem Schulweg jeden Tag die Nase friert,
rufen wir voll Überdruss: „Jetzt ist Schluss!“

Wenn Papa hundert Mal den Schnee vom Auto kehrt,
und die Straßenbahn schon wieder viel zu langsam fährt,
rufen wir voll Überdruss: „Jetzt ist Schluss!“

Wenn das Glatteis aus dem Gehsteig eine Rutschbahn
macht, und es unten an der Kreuzung immer wieder kracht,
rufen wir voll Überdruss: „Jetzt ist Schluss!“

Wenn die Stiefel schon kaputt sind und der Anorak,
und ich für die Kälte gar nichts mehr zum Anzieh'n hab',
rufen wir voll Überdruss: „Jetzt ist Schluss!“

Schon seit Wochen zeigt das Thermometer Minus an,
dabei wäre doch schon längst einmal die Sonne dran!
Jeder ruft so laut er kann:

Hallo Frühling, du bist dran!

Versucht, eine Melodie zu diesem Text zu erfinden!

Der Wind und die Sonne

Nach einer Fabel von Aesop

Der Wind und die Sonne streiten miteinander. Der Wind sagt: „Ich bin viel stärker als du!" Die Sonne sagt: „Nein, ich bin stärker!" Da sehen sie einen Mann auf dem Weg. Der Mann hat einen dicken Mantel an. „Ich kann dem Mann seinen Mantel weg nehmen!", sagt der Wind. Er fängt zu blasen an. Er bläst immer stärker, aber der Mann hält seinen Mantel ganz fest. Der Wind kann ihn nicht wegnehmen. Da kommt die Sonne. Sie ruft: „Pass auf, Wind, wie ich das mache!" Sie scheint ganz hell. Ihre Strahlen werden immer stärker. Da wird dem Mann ganz warm, er zieht seinen Mantel aus. „Nun, wer hat jetzt gewonnen?", fragt die Sonne. Der Wind ärgert sich sehr, aber er muss zugeben, dass er verloren hat. Die Sonne hat es geschafft. Sie hat gewonnen.

Der Frühling ist wieder da!

Die Sonne ist wieder aufgewacht,
so lang ist nicht mehr die dunkle Nacht.
Alle Vögel zwitschern voll Freude,
und mit ihnen singen wir heute:
Frühling, Frühling, der Frühling ist wieder da!

Die Blumen sind wieder aufgewacht,
sie blühen in ihrer Farbenpracht.
Alle Bienen summen vor Freude,
und mit ihnen singen wir heute:
Frühling, Frühling, der Frühling ist wieder da!

Auch Gras und Bäume sind aufgewacht,
und haben alles wieder grün gemacht.
Alle Menschen lachen vor Freude,
und mit ihnen singen wir heute:
Frühling, Frühling, der Frühling ist wieder da!

Noten zu diesem Lied findest du im Arbeitsheft auf Seite 34.

Ein Kastanienbaumjahr

Im Winter hat der Kastanienbaum geschlafen.
Seine Äste waren kahl: Kein Blatt war an den Zweigen geblieben.
Der Schnee ist lange darauf gelegen.
Im Frühling bekommt der Baum dann kleine, braune Knospen.
Die Knospen werden immer dicker, und eines Tages platzen sie auf:
Dann wird eine wunderschöne weiße oder rosa Blütenkerze daraus.
Der ganze Baum ist voll mit Blüten, die wie Kerzen aussehen. Das sieht wunderschön aus.
Bald bekommt er auch kleine, grüne Blätter.
Wenn die Blüten abfallen, wachsen daraus kleine, grüne Kugeln, die schnell immer größer werden.
Aber das dauert noch lange.
Erst kommt der Sommer, dann der Herbst.
Dann sieht man, wie aus den grünen Kugeln kleine, grüne Igel werden, denn sie bekommen alle Stacheln.
Und bald darauf fallen viele glänzende Kastanien auf die Erde. Die Kinder sammeln sie auf und spielen damit.

Die neue Sonnenbrille

Quendolin hat zum Geburtstag eine neue Sonnenbrille bekommen. Sie sieht richtig cool aus.

Quendolin möchte die neue Sonnenbrille natürlich sofort aufsetzen und sie seinen Freunden zeigen.

Am nächsten Tag ist Schule. Quendolin will die neue Brille mitnehmen. Aber dann schaut er zum Fenster hinaus, und sieht lauter Wolken am Himmel: Keine Sonne!

Er lässt also die Sonnenbrille zu Hause.

Am nächsten Tag regnet es sogar.

Quendolin ärgert sich sehr, da er seine neue Sonnenbrille wieder nicht aufsetzen kann.

Am dritten Tag hat der Regen aufgehört, aber die dicken Wolken sind noch immer da.

Quendolin ärgert sich noch viel mehr. Er muss wieder ohne Brille gehen, denn wer eine Sonnenbrille trägt, wenn gar keine Sonne scheint, der schaut ziemlich dumm aus.

Quendolin will nicht ausgelacht werden.

Aber am vierten Tag wird seine Geduld belohnt:

In der Früh kommt die Sonne heraus!

Quendolin setzt seine neue, coole Sonnenbrille auf und geht damit in die Schule.

Alle seine Freunde bewundern ihn.

Arbeitsheft Seite 32; BIST: L1, L2

Das Osterfest

In der großen Pause fragt Nurdan ihre Freundin Silvia:

„Sag mal, wann ist denn wieder das Eierfest?"

Silvia macht große Augen. „Was für ein Fest?", fragt sie ganz verdattert.

„Na das Fest, bei dem man die Eier bunt anmalt und versteckt!", sagt Nurdan ungeduldig.

Nun lacht Silvia: „Ach so, Ostern meinst du!"

„Ja, ich glaube, so nennt man es. Das hab' ich ganz vergessen."

Nurdan schämt sich ein bisschen.

Aber Silvia sagt: „Ich finde, das ist ein sehr passender Name, da weiß jeder gleich, was bei dem Fest geschieht!"

Nurdan ist sehr erleichtert, dass Silvia sie nicht auslacht.

Gemeinsam gehen sie zur Lehrerin und fragen diese:

„Wann ist denn das Eierfest?"

Die Lehrerin schaut auch zuerst komisch, aber dann lacht sie. „Ihr meint wohl Ostern?", fragt sie.

„Ja", meint Silvia. „Nurdan hat den Namen erfunden, und ich finde, er passt super!"

„Das finde ich auch!", sagt die Lehrerin, „so kann man leichter erklären, um welches Fest es geht."

Sie schaut auf den Kalender, und in der nächsten Stunde schreiben alle Kinder ins Mitteilungsheft, wann Ostern ist und wie lange die Osterferien dauern.

Familie Mistmacher macht einen Ausflug

Am Sonntag in der Früh meint Frau Mistmacher: „Kinder, wollt ihr im Wald Picknick machen?"

„Oh ja, super!", rufen Anica und David.

Auch der Papa ist einverstanden.

Mama packt Wurstsemmeln, Äpfel und Tomaten in einen Korb. Papa trägt eine Tasche mit Saftflaschen und Zuckerln ins Auto. Dann fahren sie los.

Im Wienerwald finden sie einen schönen Platz auf einer saftig grünen Wiese.

„Hier bleiben wir!", sagen sie. Sie packen alles aus.

Zuerst spielen die Kinder und der Papa mit dem Ball.

Wenn Papa müde ist, spielen sie allein weiter.

Mama liegt auf der Wiese und liest ein Buch.

Bald sind alle müde und hungrig. Mama legt eine große Decke auf den Boden.

Darauf legt sie Servietten. Daneben liegt das Sackerl mit den Wurstsemmeln.

Die Tomaten und Gurken sind in einer Plastikdose.

Papa gibt jedem einen Plastikbecher und schenkt Saft ein.

Alle lassen sich das Essen gut schmecken. Danach naschen sie noch Zuckerln.

Nachher räumen sie die Decke und die Plastikdosen wieder ins Auto und fahren nach Hause.

Am nächsten Tag kommt eine andere Familie auf diesen Platz.

Aber wie sieht es hier aus?

Da liegen schmutzige Papiersackerln, Saftflaschen und Plastikbecher auf der Wiese, zerknüllte Servietten und sogar ein Stück Semmel, ein angebissener Apfel und viele bunte Zuckerlpapierln.

Wer hat da etwas falsch gemacht?

Gehörst du auch zur Familie Mistmacher?

Flatternde Freunde

Auf der bunten Blumenwiese ist immer viel los.

Rote Käfer und schwarze Ameisen krabbeln an den grünen Grashalmen hinauf und hinunter.

Braune Bienen suchen Honig und ein grüner Grashüpfer springt über alle drüber.

Oben in der Luft spielen ein paar flatternde Freunde fangen:

Der blaugrüne Schletterming und der gelbe Metterschling, der rot getupfte Schlittermeng und der grüne Mitterschleng. Auch der bunt gestreifte Schmitterleng und der lila Schmetterling sind dabei. Der rosa Schlemmerting ist der Fänger, und der weiße Schlimmerteng fliegt am schnellsten.

Das Spiel macht allen großen Spaß.

Der .... mit dem richtigen Namen hat gewonnen!

Weißt du, welche Farbe der richtige .... hat?

Male ihn an!

Katastrophe vor dem Muttertag

Mirko sitzt in seinem Zimmer und bastelt ein schönes Körbchen. Zum Muttertag hat er für Mama Schokoladebonbons gekauft, die will er in das Körbchen geben.

Mama ist in der Küche.

Sie ruft: „Mirko, trägst du bitte den Mist hinunter?"

Mirko steht auf und geht in die Küche. Er nimmt den Mist und trägt ihn zu den Mülltonnen im Hof.

Dann geht er in sein Zimmer und bastelt weiter.

Da ruft Mama wieder:„Mirko, kannst du bitte den Tisch decken?"

Mirko geht ins Wohnzimmer und deckt den Tisch.

Gleich darauf gibt es Abendessen

Nach dem Essen will Mirko weiter basteln.

Er geht in sein Zimmer, aber das Körbchen ist nicht mehr auf dem Tisch!

Er sucht überall, aber er findet es nicht.

Mirko ist sehr traurig. Er versteht das nicht.

Da sieht er, wie seine Katze mit einem Stück Papier spielt.

Das Papier seines Körbchens für den Muttertag! Oje!

Die Katze hat das Körbchen kaputt gemacht.

Was soll er jetzt machen? Was würdest du tun?

☐ *der Mama sagen* ☐ *ein neues Körbchen basteln* ☐ *die Katze hauen*

Eine schöne Überraschung

Am Muttertag steht Mona zeitig auf. Sie will für ihre Mama das Frühstück machen. Sie schleicht heimlich in die Küche. Ihre Mama trinkt immer Tee zum Frühstück. Zuerst füllt Mona Wasser in den Wasserkocher. Dann gibt sie Teebeutel in die Teekanne. Als das Wasser kocht, füllt sie es in die Kanne. Dann richtet sie Brot, Käse, Tomaten und Oliven her. Sie stellt Butter, Marmelade und Honig dazu. Zuletzt stellt sie Teller und Tassen auf den Tisch und legt Messer und Löffel daneben. Wenn alles fertig ist, legt sie noch ihr Geschenk neben Mamas Platz. Dann geht sie ins Schlafzimmer und weckt ihre Mama auf. „Mama! Komm, das Frühstück ist fertig!“, flüstert sie ihr ins Ohr. Die Mama wird munter und freut sich sehr. Mona sagt : „Alles Gute zum Muttertag!“, und gibt ihrer Mama ein dickes Bussi.

Erzähl von deinem Muttertag!

Arbeitsheft Seite 38; BIST: L1, L2

Selim möchte Pilot werden

Er liebt Flugzeuge. Er ist schon oft mit einem Flugzeug in die Türkei geflogen. Manchmal darf er während des Fluges ins Cockpit gehen und dem Piloten zuschauen. Das ist aufregend. Der Pilot hat sehr viele Knöpfe und Lampen vor sich. Da kann er sehen, ob an seinem Flugzeug alles funktioniert. Er muss sehr genau schauen und sehr gut aufpassen, damit die Maschine nicht abstürzt. Selim gefällt die Arbeit eines Piloten sehr gut. Aber er weiß, dass man dafür viel lernen und viel können muss, deshalb bemüht er sich, ein guter Schüler zu sein. Wenn er groß ist, will er auf die Pilotenschule gehen. Vielleicht fliegst du dann einmal mit ihm?

Berufe erraten

Kerstin erzählt:

Meine Mama arbeitet in einem Supermarkt.
Sie sitzt an der Kassa.
Alles, was die Leute einkaufen, muss sie über das Laufband ziehen, und dann das Geld kassieren.
Sie muss schnell rechnen können.
Manchmal schimpfen die Kunden, wenn sie lange warten müssen.
Wenn jemand etwas fragt, muss meine Mama eine Antwort wissen.
Das Sitzen an der Kassa ist anstrengend.
Oft ist Mama nervös, wenn sie abends nach Hause kommt, dann helfe ich meiner Mama beim Tisch decken oder Wäsche aufhängen.

Ist Kerstins Mama: ☐ *Busfahrerin* ☐ *Sekretärin* ☐ *Kassierin?*

Eldin erzählt:

Mein Papa ist oft tagelang unterwegs.
Er fährt mit einem großen Lastwagen über die Autobahn in fremde Länder.
Oft kommt er ein paar Tage nicht nach Hause.
Ich bin immer froh, wenn er wieder da ist.
Er erzählt mir dann, was er auf der Fahrt erlebt hat.
Ein paar Mal bin ich schon ein Stück mitgefahren!

Ist Eldins Papa: ☐ *Radfahrer* ☐ *Lastwagenfahrer* ☐ *Taxifahrer?*

Neriman erzählt:

Meine Mama geht jeden Tag in der Früh in ein großes Büro und macht dort alle Räume sauber.

Wenn die Leute zur Arbeit kommen, muss alles fertig sein.

Mama muss sehr zeitig aufstehen. Sie geht immer um 6 Uhr von zu Hause weg. Wenn ich aufstehe, ist nur mein Papa da.

Um 10 Uhr kommt Mama wieder heim.

Dann ist sie meistens schon müde, aber sie muss noch für unsere Familie kochen und unsere Wohnung aufräumen.

Meistens helfe ich meiner Mama am Abend, damit sie sich dann ausruhen kann.

Ist Nerimans Mama: ☐ *Lehrerin* ☐ *Putzfrau* ☐ *Verkäuferin?*

Zoran erzählt:

Mein Papa geht jeden Tag sehr zeitig in der Früh weg.

Er fährt mit dem Auto zur Baustelle, denn so früh fährt noch keine Straßenbahn.

Den ganzen Tag muss der Papa schwere Säcke mit Zement tragen, die Mischmaschine bedienen oder Ziegel bringen.

Wenn er am Abend nach Hause kommt, tut ihm oft der Rücken weh.

Er sagt dann immer: „Lasst mich in Ruhe!"

Einmal war ich mit dem Papa auf der Baustelle und habe zugeschaut. Die Arbeit ist sehr schwer. Aber es ist schön, wenn man sehen kann, wie das Haus immer größer wird.

Ist Zorans Papa: ☐ *Bauarbeiter* ☐ *Mechaniker* ☐ *Briefträger?*

Tarek bekommt einen Brief

صَدَقَ اللهُ العَظِيم

Am Dienstag kommt Tarek um 1 Uhr von der Schule nach Hause. Seine Mama begrüßt ihn und sagt: „Du hast einen Brief bekommen!" „Einen richtigen Brief?", ruft Tarek erstaunt. Er hat noch nie einen Brief bekommen. „Von wem ist denn der Brief?"

„Von deiner Oma aus Ägypten!", antwortet Mama.

Tarek greift sofort nach dem Brief. Er macht ihn vorsichtig auf und will ihn lesen.

Aber dann ist er unheimlich enttäuscht. Er kann nämlich gar nichts lesen! Da sind lauter merkwürdige Schriftzeichen. Tarek kennt diese Zeichen. Er weiß, dass das die arabische Schrift ist, aber er kann sie nicht lesen.

„Mama!", ruft er, „du musst mir den Brief vorlesen!"

Die Mutter lächelt, dann nimmt sie den Brief und liest ihn vor. Tarek versteht alles, er kann sehr gut Arabisch sprechen, aber lesen kann er die arabischen Schriftzeichen nicht. Bis jetzt wollte er sie nie lernen, denn sie sind nicht einfach. Aber jetzt nimmt er sich ganz fest vor, sie schnell zu lernen, damit er seiner Oma auch schreiben kann!

„Mama, bitte, ich möchte Arabisch schreiben lernen , kannst du es mir zeigen?", fragt er.

Die Mutter sagt: „Am besten gehst du in den Arabischunterricht!"

Das tut Tarek auch und bald bekommt seine Oma einen netten Brief von ihm!

Die große Wut

Milena hat neue Schuhe bekommen. Sie ist sehr stolz darauf. Die Schuhe sind wunderschön, mit Blümchen und Glitzerpunkten darauf.

Milena geht mit den neuen Schuhen in den Park.

Mit ihren Freundinnen spielt sie Nachlaufen.

Da kommt ein fremdes Kind gelaufen.

Milena sieht es nicht und wird nieder gestoßen.

Ihr Knie ist aufgeschlagen und blutet.

Die Hände sind ganz schmutzig.

Aber das Schlimmste ist: Der rechte Schuh ist total kaputt!

Das Leder ist ganz schwarz von der Erde, und der Klettverschluss ist abgerissen.

Milena könnte heulen vor Wut, aber sie schämt sich vor den anderen Kindern.

Traurig geht sie nach Hause.

Dort wirft sie den kaputten Schuh in die Ecke und stampft mit dem Fuß auf.

Die Mama schaut sich die Bescherung an.

„Wir werden den Schuh putzen, und den Verschluss wieder annähen“, sagt sie.

„Geht denn das?“, fragt Milena.

„Aber ja“, sagt die Mama.

Da ist Milena sehr froh. Gleich geht es ihr wieder besser.

Arbeitsheft Seite 42; BIST: L1, L2

Roki ist müde

Heute ist der 7. Juni. Es ist ziemlich heiß.

Roki kommt ein paar Minuten zu spät in die Schule.

Die Lehrerin fragt ihn, wo seine Hausübung ist, aber Roki hat das Heft vergessen.

Bei der nachfolgenden Arbeit ist er langsam und schaut ganz müde drein.

Die Lehrerin fragt ihn: „Roki, was ist denn heute mit dir los? Bist du krank?"

Aber Roki ist nicht krank. Er hat nur wenig geschlafen. Jetzt weiß er nicht, ob er das der Lehrerin sagen kann. Ob sie wohl schimpft?

„Soll ich deine Mama anrufen?", fragt sie. „Wenn es dir nicht gut geht, solltest du nach Hause gehen!"

Da sagt Roki leise: „Ich bin nicht krank, ich bin nur müde, weil ich heute Nacht wenig geschlafen habe."

„Was war denn los bei euch?", wollen nun alle wissen.

Da erzählt Roki: „In unserer Familie wird immer am 6. Juni das Georgsfest gefeiert. Es waren viele Verwandte bei uns und wir haben die ganze Nacht gegessen, geredet, gelacht und getanzt."

Die Lehrerin und die anderen Kinder staunen. Sie kennen dieses Fest nicht.

Roki erklärt: „Der heilige Georg ist unser Familienpatron. An seinem Namenstag kommen immer alle zusammen."

„Wir wollen auch so ein Fest haben!", rufen ein paar Kinder. Die Lehrerin sagt, dass Roki sich ausruhen soll. Er ist froh, dass sie nicht geschimpft hat.

Das Georgsfest ist das größte Fest der Roma.

Das Wasser

Wenn du den Wasserhahn aufdrehst, kommt Wasser heraus.

Du kannst es trinken, dich damit waschen, die Blumen gießen oder deine Wäsche und das Geschirr damit waschen.

Hast du schon einmal überlegt, woher das Wasser eigentlich kommt?

Wo gibt es denn überall Wasser?

Es fällt als Regen vom Himmel.

Es fließt als Bach oder als Fluss durch die Wiesen und Felder.

Es steht in einem kleinen Teich oder in einem großen See.

Das riesengroße Meer ist voll mit Wasser. Dieses Wasser ist salzig.

Im Wasser leben Fische und andere Tiere.

Auch die Tiere auf dem Land brauchen Wasser.

Ohne Wasser können auch die Pflanzen nicht wachsen.

Wasser kann sich verändern:

Es kann kalt, warm oder ganz heiß sein.

Wenn es sehr heiß ist, beginnt es zu verdampfen.

Du kannst den Dampf sehen, wenn er aus dem Kochtopf kommt.

Wenn das Wasser sehr kalt ist, friert es.

Aus dem Wasser wird dann Eis.

Wenn im Winter Eis auf dem Weg ist, kann man leicht ausrutschen. Wir sagen dann: „Heute ist Glatteis."

Manchmal hängen Eiszapfen vom Dach herunter.

Im Kühlschrank kann man Eiswürfel machen.

Wasser kann sich bewegen.

Es besteht aus vielen kleinen Tropfen. Wenn nur wenige Tropfen kommen, sagt man „es tröpfelt" oder „es tropft."

Wenn das Wasser aus dem Wasserhahn kommt, sagt man: „Es rinnt."

Im Bach oder im Fluss „fließt" das Wasser.

Wenn sehr viele kleine Wassertropfen in der Luft sind, kann man fast nichts sehen. Dann sagen wir: „Es ist nebelig."

Wie magst du das Wasser am liebsten?

Auf der Wiese

Endlich ist es wieder richtig schön und warm!

Die Wiese ist wieder grün geworden.

Zwischen dem Gras wachsen weiße Gänseblümchen, gelber Löwenzahn, blaue Glockenblumen und lila Klee.

Ein kleiner Marienkäfer sitzt auf einem dünnen Grashalm.

Darunter krabbeln viele winzige Ameisen. Eine Raupe sitzt auf einem Blumenstängel.

Zwischen zwei Zweigen baut eine Spinne ihr Netz.

Ein paar Bienen sitzen auf den Blüten und holen Honig heraus.

Auch eine Wespe fliegt vorbei.

Oben flattert ein bunter Schmetterling.

Ein Regenwurm steckt seinen Kopf aus der Erde.

Ein Grashüpfer hüpft über eine Dotterblume.

Neben der Wiese sitzt eine Schnecke. Sie will den warmen Sonnenschein genießen.

Unterstreiche die Tiernamen rot und die Pflanzenbezeichnungen grün!

Der Löwe und die Maus

Nacherzählt nach Aesop

Der Löwe lag unter einem Baum im Schatten und schlief.
Plötzlich spürte er etwas an seiner Nase.
Er wachte auf und sah eine kleine Maus, die über sein Gesicht gelaufen war.
Er schnappte sie und hielt sie fest.
Die Maus hatte große Angst.
Sie bat den Löwen: „ Bitte, tu mir nichts! Ich werde dir dafür auch einmal etwas Gutes tun!"
Der Löwe lachte. „Was soll eine so kleine Maus für mich tun können?", fragte er.
Aber weil er gut aufgelegt war, ließ er die Maus frei.
Einige Zeit später wurde der Löwe von einem Jäger in einem Netz gefangen.
Er konnte sich nicht daraus befreien und schrie um Hilfe.
Da kam die kleine Maus.
Sie biss mit ihren scharfen Zähnchen das Netz durch, und befreite den Löwen.
Der Löwe war sehr glücklich. Er bedankte sich bei der Maus und sagte: „Jetzt sehe ich, dass auch die Kleinen manchmal den Großen helfen können!"

Die hässliche Maus

Es war einmal eine Maus.
Sie war schneller und gescheiter als die anderen Mäuse.
Leider war sie sehr hässlich.
Die anderen Mäuse lachten sie aus, weil sie so hässlich war.
Sie hatte sehr große Ohren.
Ihre Barthaare waren struppig und grau.
Ihre Augen waren zu klein und ihre Schnauze war zu kurz.
Ihr Schwanz war nicht lang und glatt wie bei anderen Mäusen.
Er sah aus wie ein Regenwurm!
Unsere kleine Maus war sehr traurig.
Warum habe ich keine Freunde? fragte sie sich.
Sie wollte so gerne Freunde haben! Also machte sie sich auf, um einen Freund zu suchen.
Sie traf zuerst ein Eichhörnchen.
„Willst du mein Freund sein?", fragte die kleine Maus.
Aber das Eichhörnchen lachte sie nur aus. „Du bist viel zu klein für mich! Wie kannst du denn mein Freund sein? Kannst du mit mir auf die Bäume klettern?", fragte es.
Die kleine Maus musste zugeben, dass sie das nicht konnte.
Traurig lief sie weiter.
Dann traf sie einen Spatz. „Willst du mein Freund sein?", fragte die kleine Maus.

Aber der Spatz flog kichernd davon. „Du kannst ja nicht einmal fliegen!", rief er. „Was soll ich denn mit so einem Freund anfangen?" Die kleine Maus lief weiter und sah einen Maulwurf, der gerade sein Mäulchen aus der Erde streckte. „Willst du mein Freund sein?", fragte sei ihn voll Hoffnung.

Der Maulwurf drehte den Kopf zu ihr. Aber weil Maulwürfe ja bekanntlich blind sind, konnte er die Maus nicht sehen.

„Wer bist du?", fragte er.

„Ich bin eine kleine Maus, und ich möchte so gern einen Freund haben", sagte sie.

„Ich bin auch immer allein", meinte der Maulwurf. „Ich habe noch nie einen Freund gehabt. Wozu sind Freunde gut?"

„Oh ..., aber ... alle Lebewesen haben Freunde. Nur ich habe noch keinen gefunden. Mit einem Freund kannst du spielen, er hilft dir, und du bist nicht mehr allein", versuchte sie zu erklären.

„Klingt nicht schlecht", meinte der Maulwurf. „Wir können es ja einmal probieren".

Die kleine Maus war überglücklich. Die beiden wurden gute Freunde. Der Maulwurf freute sich, dass die Maus ihm helfen konnte, weil er ja blind war. Er konnte nicht sehen, dass die Maus hässlich war, und es war gar nicht wichtig. Und die Maus lernte viel von ihrem neuen Freund.

Sie blieben immer zusammen, und wenn sie nicht gestorben sind, dann leben sie noch heute auf der Wiese vor der Stadt.

BUBAMARA und seine Punkte

Es war einmal ein kleiner Marienkäfer, der hieß Bubamara.

Er war ganz besonders stolz auf seine sieben wunderschönen, schwarzen Punkte.

Jeden Abend vor dem Schlafengehen zählte er, ob alle sieben Punkte noch da waren.

Einmal wachte er mitten in der Nacht auf.

Er sah sich um, und plötzlich erschrak er ganz fürchterlich:

Er konnte seine Punkte nicht finden!

Er suchte sie unter den Blütenblättern, auf den Grashalmen, auf dem Boden, überall. Sie waren weg!

Er fing an, bitterlich zu weinen.

Als er vor lauter Weinen müde wurde, schlief er wieder ein.

Am Morgen wurde er von der Sonne geweckt.

Sofort fiel ihm ein, dass er seine Punkte gesucht hatte, und wollte schon wieder zu weinen anfangen.

Aber wie war er froh, als er sah, dass seine Punkte alle wieder da waren!

Glücklich flog er davon.

Weißt du, warum Bubamara seine Punkte nicht sehen konnte?

Vielleicht könnt ihr gemeinsam das Lied von BUBAMARA singen?

(Noten findest du im Arbeitsteil)

Arbeitsheft Seite 46; BIST: L1, L2, L5

Spaß mit Tieren

Ein armer, kleiner Floh,
der wollte wissen, wo
ist hier denn bloß ein Klo?
Er musste doch schon so ...
Er hüpfte wild herum,
er wand sich schief und krumm,
Doch wie es halt so geht –
auf einmal war's zu spät! ...

Ein kleiner, dünner Regenwurm
stand einst vor einem hohen Turm.
Er wollt so gerne oben stehn,
und sich von dort die Welt anseh'n.
Jedoch er war ihm viel zu hoch!
Er kroch und kroch und kroch und kroch,
und nach ganz langer Zeit,
da schaffte er es doch.

Der Turban

Nach einer volkstümlichen Erzählung

Nasrettin Hoca war ein sehr gescheiter Mann.

Wer im Dorf ein Problem hatte, ging zu ihm, und bat um Hilfe. Manchmal half der Hoca den Leuten, aber manchmal machte er sich auch über sie lustig.

Einmal kam ein Mann zu Nasrettin.

„Hoca, ich habe einen Brief bekommen, aber ich kann ihn nicht lesen. Bitte, lies ihn mir vor!", sagte der Mann.

Nasrettin Hoca nahm den Brief. Aber der Brief war auf Arabisch geschrieben, und das konnte der Hoca nicht. Deshalb gab er den Brief zurück und sagte zu dem Mann:

„Diesen Brief kann ich nicht lesen."

Der Mann wunderte sich. Er sagte: „Du bist doch ein gelehrter Mann, und du hast einen Turban auf dem Kopf. Du musst doch lesen können!"

Da nahm der Hoca seinen Turban vom Kopf und gab ihn dem Mann: „Wenn du glaubst, dass jeder mit einem Turban lesen kann, dann nimm ihn doch und lies deinen Brief selber!"

Glaubst du, dass der Mann lesen kann, wenn er den Turban aufsetzt?

Welche Bedeutung hat ein Turban? In welchen Ländern wird er getragen?

Anhang

Hier finden Lehrer/innen zusätzliche Impulse zur Arbeit im Leseunterricht allgemein. Die Texte dieses Lesebuches sind in erster Linie dazu gedacht, die Kinder zu motivieren und die Freude am Lesen zu wecken. Sie dienen nicht primär dem Spracherwerb, sondern der Förderung von Leseflüssigkeit und Sinnentnahme. Aus diesem Grund wurde bewusst davon abgesehen, noch unbekannten Wortschatz zu verwenden, bzw, Inhalte zu vermitteln, in denen diese Zielgruppe ihre Lebensrealität nicht wiederfinden kann (und daher erfahrungsgemäß rasch das Interesse verliert).

Die vorliegende Texte im Leseteil sind besonders für die mündliche Arbeit geeignet. Zunächst ein paar grundlegende Bemerkungen: **Der Leseunterricht** ist seit den Ergebnissen der letzten PISA Studien zum zentralen Thema des Schulunterrichtes geworden. Immer wieder wird in diesem Zusammenhang darauf hingewiesen, dass insbesondere Kinder „mit Migrationshintergrund" Probleme mit dem sinnerfassenden Lesen haben. Meinen Beobachtungen zufolge, hat dieser Umstand seine Gründe u. a. darin, dass es kaum geeigneten Lesestoff für diese Zielgruppe gibt. Jeder, der selbst einmal versucht hat, Texte in einer noch unvollkommen beherrschten Fremdsprache zu lesen, weiß, um wie vieles mühsamer es ist, als das Lesen in der Muttersprache. Gerade den LeseanfängerInnen aber wird das ständig zugemutet.

Kinder, die in Deutsch noch lange nicht „perfekt" sind, bekommen die gleichen Lesetexte vorgesetzt, wie ihre deutschsprachigen KlassenkollegInnen, in der irrigen Annahme, Erstlesetexte wären ohnehin so einfach, dass jede/r sie verstehen könne. Natürlich ist das nicht der Fall. Die Kinder erlernen häufig ohne größere Probleme die Technik des Lesens: Sie lernen die Laut-Zeichenrelation herzustellen. Sie lernen Buchstaben und Buchstabenkombinationen und deren Lautwerte zu ganzen Wörtern zusammenzusetzen. Aber bereits die korrekte Aussprache derselben ist oft ein Problem, wenn dem Kind das Endprodukt (Wort) nicht bekannt ist.

Häufig gelingt es ihnen auch nicht zu erkennen, dass das Gelesene eine sinnvolle Aussage enthält. Nur wenn es sich um einzelne, den Kindern bekannte Wörter handelt, oder um simple , kurze Aussagesätze, ist überhaupt eine Sinnentnahme möglich. Die meisten Erstlesetexte gehen jedoch viel zu früh in das Stadium der „Geschichten und Erzählungen" über, und konfrontieren die kleinen Leser, die eben erst mühselig Wörter erlesen können, mit Abenteuergeschichten, mit Berichten von Neuem und Unbekanntem.

Auch viele deutschsprachige Kinder sind damit überfordert, und darin liegt meines Erachtens ein gewichtiger Grund für die mangelnde Leselust, für den Lesefrust, der bewirkt, dass Kindern das Lesen als Mühe und Plage, nicht aber als Vergnügen erscheint: Sie erhalten viel zu früh Lesestoff, den sie noch nicht bewältigen können. Oft kaufen auch Eltern den Leseanfängern Bücher, die weder für die Altersstufe, noch für die Lesekenntnisse geeignet sind. Gibt man den Kindern aber Texte, die ihrer Lesefähigkeit und ihrem Sprachverständnis entsprechen, stellt sich die Lesefreude von selbst ein. Kinder **wollen** ja lesen lernen, aber es soll Freude machen und keine Mühe. Das gilt selbstverständlich insbesondere für anderssprachige Kinder.

Auf der ersten Schulstufe müssen noch nicht unbedingt lange, zusammenhängende Geschichten gelesen werden. Es geht ja primär darum, den Kindern das Erlesen von Wörtern beizubringen, und deshalb genügt es, wenn sie es schaffen, einzelne Wörter zu lesen, ihren Sinn zu erkennen und sie einem realen Bild zuzuordnen. Dabei findet gleichzeitig Wortschatzaufbau statt, ohne dass die Kinder überfordert werden und den Mut bzw. die Motivation verlieren. Erst nach langer Zeit wird dazu über gegangen, kurze Aussagesätze zu lesen, deren Aussage für sie verständlich ist. Auch hier ist die bildliche Darstellung wesentlich. ☺ ☹

In diesem Stadium sollten jede Menge Lesespiele angeboten werden, die alle ein Ziel haben: Die Kinder sollen dabei den Sinn des Gelesenen erfassen und das auch beweisen (etwa durch Zuordnungsübungen, Anmalen, Ausführen von einfachen Anweisungen….). Gut eignen sich für solche Zwecke einfache Aussage- oder Fragesätze, die eine Stellungnahme erfordern. Als Beispiel zu nennen sind auf Kartonstreifen geschriebene Aussagesätze mit richtigen und falschen Aussagen. Das Kind muss diese Streifen einzeln lesen und sie in zwei Behälter einordnen: **richtig** - **falsch** (☺ ☹) Ebenso kann mit Fragesätzen verfahren werden, die die Antworten **Ja** oder **Nein** erfordern. Besonderen Spaß machen solche Übungen, wenn sie komische oder sogar absurde Aussagen oder Fragen enthalten.

Z.B: (erste Klasse) :

👓 Das ist eine Brille
✏ Das ist ein Baum.
✂ Das ist eine Schere
💣 Das ist ein Krokodil.

In höheren Klassen kann der Stoff des Sachunterrichtes für solche Leseübungen herangezogen werden, damit kann sowohl das sinnerfassende Lesen geübt, als auch der Stoff wiederholt und das Verständnis überprüft werden. Im vorliegenden Buch können z.B. die Sachtexte zum Thema „Körper” (Hände, Füße, Mund….) oder auch zum Thema „Wasser“ für solche Leseübungen verwendet werden. Sie dienen sowohl der sprachlichen Verarbeitung von Sachinhalten als auch der Erweiterung des Wortschatzes.

Bevor man den Kindern den Text zu lesen gibt, sollte aber immer abgeklärt werden, ob darin unbekannter Wortschatz enthalten ist. Dieser muss dann vorher besprochen werden. Kinder neigen dazu, über unbekannte Wörter hinweg zu lesen anstatt sie zu hinterfragen. Vorbeugend sollten daher immer neue Wörter besprochen werden. Um die Kinder daran zu gewöhnen, Fragen zu stellen, kann als Aufgabe verlangt werden, während des Lesens unbekannte Wörter mit Leuchtstift zu markieren. Danach werden die Wörter gemeinsam besprochen. **Es sollte niemals vorkommen**, dass ein Kind etwas liest, ohne den Sinn entnehmen zu können. Um das zu erreichen, müssen Leseübungen und Lesetexte sehr sorgfältig ausgewählt werden.

Nach jedem Leseprozess **sollte** eine Möglichkeit der Überprüfung gefunden werden, jedoch ohne eine stressbeladene Prüfungssituation zu schaffen. Im Idealfall gibt man dem Kind **die Möglichkeit, über das Gelesene zu sprechen.** Kinder, die Deutsch erst lernen, benötigen besonders viele Gelegenheiten zu **hören** und zu **sprechen**, da das ja die zentralen Medien des Spracherwerbes sind. Deshalb ist das Einzelgespräch mit der Lehrperson über das Gelesene besonders wertvoll. Bei diesen Gesprächen sollte nach Möglichkeit immer versucht werden, dem Kind eine persönliche Stellungnahme zu entlocken, etwa indem man es dazu anregt, die dargestellte Situation mit seiner eigenen zu vergleichen. Gezielte Fragen helfen dem Kind dabei.

Einige Beispiele sollen das verdeutlichen:

- **„Zwei Drachen werden Freunde"**: Man kann das Kind fragen, ob es überhaupt weiß, was ein Drachen ist, wie der aussehen könnte, wann und wo es welche gesehen hat, ob es selbst einen besitzt ...

Schon allein aus Zeitgründen wird es aber nicht immer möglich sein, sich mit jedem Kind über das Gelesene zu unterhalten. Daher hier auch noch andere Ideen, wie das Leseverständnis überprüft werden kann:

Für die schwächsten Leser sollte man sich aber immer Zeit zu einem persönlichen Gespräch nehmen.

- **„Kevin will Kirschen"**
  - Welches Obst will Kevin kaufen?
  - Wohin geht er?
  - Warum findet Kevin keine Kirschen?
  - Isst du auch gern Kirschen?
  - Wie heißen Kirschen in deiner Muttersprache?

Je persönlicher die Fragen sind, desto eher wird sich das Kind mit dem Text identifizieren können.

Einige Fragen zum Text auf Kartonstreifen, die in zwei Behälter mit der Aufschrift „Ja" und „Nein" eingeordnet werden sollen.
Themenbeispiel: „Im Tiergarten“

Die Klasse fährt mit dem Schiff zum Tiergarten.
Alle Kinder bringen Rucksäcke mit.
Im Tiergarten besuchen sie die Dinosaurier.
Die Kinder sehen alle die gleichen Tiere.

Lückentext, der dem Lesestück gemäß zu vervollständigen ist. - Themenbeispiel „Nikolaus“

Vor vielen Jahren hat ein guter Mann gelebt. Er hat .... geheißen.
Er lebte in einer kleinen Stadt, in der ....
Er hat den .... Menschen geholfen.
Jedes Jahr am 6. .... erinnern wir uns an ihn.
Die Kinder bekommen ....
Jedes Kind, das die Geschichte gelesen und den Lückentext ausgefüllt hat, erhält einen kleinen Schokoladenikolo oder ein Bild zum Anmalen ...

Stellungnahme: Vergleich mit eigenem Erleben – Themenbeispiel „Marion mag den Winter“. Es werden möglichst persönliche Fragen gestellt:

+ Magst du den Winter?
+ Spielst du gerne im Schnee?
+ Hast du schon einmal einen Schneemann gebaut?
+ Was ziehst du an, wenn es schneit?
+ Gibt es in deinem Herkunftsland auch Schnee?
+ (ggf) Wie heißt „Schnee“ oder „Winter“ in deiner Sprache?

Stellungnahme: eigene Gedanken zum Geschehen – Themenbeispiel „Martin und Emine“. Das Stück wird mit verteilten Rollen nachgespielt. Die „Schauspieler“ berichten dann, wie sie sich gefühlt haben. Die Kinder werden aufgefordert, in Kleingruppen über das Problem zu diskutieren, und Lösungsvorschläge zu sammeln. Sollte es einen ähnlichen Vorfall in der Klasse geben, sollte darüber auch geredet werden.

Meinungsäußerung - Themenbeispiel - „Tarek bekommt einen Brief“
Die Kinder können entweder die Fragen aus dem Arbeitsheft schriftlich beantworten oder in einem persönlichen Gespräch mit einer Lehrerin. Im Anschluss daran wäre eine Diskussion über die Vorteile von Fremdsprachen- und Lesekenntnissen sinnvoll.

Eigene Geschichten schreiben
Gegen Ende der zweiten Klasse kann man auch Kindern mit anderer Erstsprache schon zumuten, ganz kurze, eigene Texte zu verfassen. Geschichten, die dazu als Vorbild dienen, helfen ihnen dabei, zum Beispiel „Wo möchtest du wohnen?“ oder „Alle Menschen müssen arbeiten“.

Einige der Geschichten können in höheren Klassen als Vorbild für eigene Erlebnisaufsätze, aber auch für Nacherzählungen verwendet werden. Gerade weil sie sprachlich so einfach gehalten sind, bekommen Kinder das Gefühl, eine ähnliche Geschichte schreiben zu können. Das freie Schreiben hat sehr viel mit Selbstvertrauen zu tun. Wenn Kinder durch solche Beispiele sehen, wie das von ihnen erwartete Endprodukt aussehen kann und spüren, dass es für sie nachvollziehbar ist, trauen sie sich eher an solche Aufgaben heran.

Eine Geschichte, die so geschrieben ist, dass das Kind den subjektiven Eindruck erhält, „Das hätte ich auch geschafft“, baut Hemmungen ab und ermutigt zum Nachmachen. Es muss den Kindern immer wieder auf vielfältige Weise vor Augen geführt werden, dass mechanisches Lesen ohne Sinnentnahme verlorene Mühe ist. Denn es gehen ihnen persönlich wichtige Informationen verloren.

Vom ersten Tag an wird jedes Wort, jeder Satz reflektiert und der Sinn verdeutlicht. Die Kinder müssen sich auch angewöhnen, selbst zu hinterfragen, wenn sie etwas nicht verstanden haben. Sie sollen lernen, sich in solchen Situationen selbst zu helfen, indem ihnen Möglichkeiten dazu angeboten werden:
+ den Lehrer/die Lehrerin fragen
+ andere Kinder (mit gleicher Muttersprache) fragen
+ zweisprachiges Wörterbuch benützen
+ den Muttersprachenlehrer/die Muttersprachlehrerin fragen

Die Lesekenntnisse der Kinder sollten nicht nach Lesegeschwindigkeit, auch nicht nach Ausdruck, Betonung etc. beurteilt werden, und schon gar nicht nach quantitativen Kriterien, sondern ausschließlich danach, ob das Kind über das Gelesene Auskunft geben kann. So wird es hoffentlich gelingen, die berüchtigten PISA-Ergebnisse zu verbessern.

Die Vorgaben der Bildungsstandards und ihre Umsetzung in den vorliegenden Lesetexten:

L1 – Lesemotivation und das Interesse festigen und vertiefen, sowie

L2 – Über eine altersadäquate Lesefertigkeit und entsprechendes Leseverständnis verfügen

Da das gesamte vorliegende Buch es sich zur wichtigsten Aufgabe gemacht hat, die Lesemotivation der Kinder zu wecken, zu vertiefen und möglichst bald eine altersadäquate Lesefertigkeit und auch – soweit dies bei anderssprachigen Kindern möglich ist – entsprechendes Leseverständnis zu erreichen, sind diese beiden Punkte bei jedem einzelnen Stück relevant.

Die Übungen im **Arbeitsbuch** dienen **alle** dazu, das Leseverständnis zu vertiefen, bzw. auch zu hinterfragen. Sie sind demnach **alle** auf das Ziel

L3 – Den Inhalt mit Hilfe von Arbeitstechniken und Lesestrategien erschließen, sowie auf

L4 – Das Textverständnis klären und über den Sinn des Gelesenen zu sprechen ausgerichtet.

Ziel **L5 – Verschiedene Texte gestaltend und handelnd umsetzen** wird auf dieser Stufe der Lesefertigkeit und unter Berücksichtigung der Tatsache, dass in einer **Fremdsprache** gearbeitet wird, nur in einzelnen Fällen möglich sein. Insbesondere das eigene Gestalten von Sprache ist nach so wenigen Lernjahren nur in sehr beschränktem Maße möglich, wenn es sich bei der Arbeitssprache nicht um die Erstsprache handelt. Ebenso verhält es sich mit den Zielen

L6 – Formale sprachliche Gegebenheiten in Texten erkennen, sowie

L 7 – Literarische Angebote und Medien aktiv nutzen.

Diese Fertigkeiten können erfahrungsgemäß frühestens gegen Ende der dritten Schulstufe erreicht werden. Einige Übungen im Arbeitsheft fallen auch in die Bereiche **Sprachbetrachtung (Sp), Rechtschreiben (R)** oder **Verfassen von Texten (T),** diese sind dort ebenfalls extra ausgewiesen.

Die Texte im Lesebuch und ihr Bezug zu den Bildungsstandards in Lesen:

L 1 und **L 2:** alle Texte des vorliegenden Buches

L 3: Die Seiten 6, 7, 8, 13, 14, 18, 20, 21, 30, 37, 39, 47, 55, 57, 64, 65, 67, 72, 77

L 4: Die Seiten 8, 9, 20, 21, 22, 23, 26, 31, 32, 35, 37, 39, 41, 48, 52, 59, 60, 62, 65, 67, 69, 74, 78

L 5: Die Seiten 10, 11, 22, 42, 43, 51, 54, 56, 70, 76, 77

Bildnachweis:

Judith Lamberger / carolineseidler.com: Seite 7, 9,18, 33, 47, 51, 67, 73, 85

Fotolia: Umschlagillustration (Ala), Buchstabe „K" auf dem Umschlag (rätselmeister), Kinder in den Fußzeilen (Ala), Seite 12 (virinaflora), Seite 14 (Kakigori Studio), Seite 20 (Hans-Jürgen Krahl, Seite 68 (sababa66), Seite 79 (Alexey Bannykh), Seite 83 (shockfactor, filo24)

istockphoto: Seite 35 (nokee), Seite 63 (I-Mei Huang), Seite 78 (Anthony Taylor)